예수님을 알고 믿고 전파하라

그리스도론 – 개정판

황삼석 지음

하나님의 사람을 만들어 가는 **엘맨** ELMAN

예수님을 알고 믿고 전파하라

그리스도론 – 개정판

황삼석 지음

하나님의 사람을  엘맨
만들어 가는 ELMAN

머리말

    사람에게 가장 중요한 일은 무엇일까요? 사람에게 가장 중요한 일은 예수님을 알고 믿으므로 하나님이 주신 구원을 받고 다른 사람이 예수님을 알고 믿어 하나님이 주신 구원을 받도록 예수님을 전파하는 것입니다. 그래서 저는 성도들이 예수님을 알고 믿어 하나님이 주신 구원을 받고 예수님을 전파하도록 가르치고 싶어서 그리스도론과 구원론의 말씀을 묶어 '예수 믿음을 지키라'는 제목의 책을 2004년도에 출판하였습니다.

    그런데 2020년도에 구원의 복음의 중요성을 다시 한 번 깨닫고 '예수 믿음을 지키라'의 구원론의 말씀을 다시 정리하고 보충하여 개정판으로 '하나님이 주신 구원'이란 제목으로 책을 출판하였습니다. 그리고 이번에 우리의 구원자이시며 구원의 근원이신 예수님을 알고 믿고 전파하는 것이 우리의 할 일임을 다시 한 번 더 깨닫고 '예수 믿음을 지키라'의 그리스도론의 말씀을 다시 정리하고 보충하여 개정판으로 '예수님을 알고 믿고 전하라'란 제목으로 책을 출판하게 되었습니다. 본서는 하나님의 말씀인 성경의 말씀을 주제에 따라 모아놓은 책입니다. 저는 성령님이 역사하셔서 본서를 통하여 한 사람이라도 더 예수님을 알고 믿어 하나님이 주신 구원을 받고 예수님을 전파하는 자가 되기를 간절히 기도합니다.

하나님 아버지께 영광을 돌려드리며, 동천교회 온 성도들과 사랑하는 아내와 자녀들에게도 감사합니다. 그리고 11번째 책까지 출판을 맡아주신 엘맨출판사 임직원들에게도 감사드립니다.

2024년 9월
화순에서 황삼석

차례

머리말 • 4

예수님을 알고 믿고 전파하라 • 8

1. 태초에 계신 예수님 • 40

2. 세상에 오신 예수님 • 59

3. 고난 받으시고 십자가에 죽으신 예수님 • 89

4. 부활하시고 승천하신 예수님 • 129

5. 재림하실 예수님 • 164

참고도서 • 213

예수님을 알고 믿고 전파하라

　우리에게 가장 중요한 일은 우리가 예수님을 알고 믿어 하나님이 주신 구원을 받는 것이며, 또 다른 사람들에게 예수님을 전파하여 그들로 하나님이 주신 구원을 받게 하는 것입니다. 그러므로 우리는 예수님을 알고 믿고 전파해야 합니다. 우리는 예수 그리스도를 믿어야 하고 또 예수 그리스도를 알아야 합니다. 이는 예수 그리스도를 믿는 자는 예수 그리스도를 아는 자이며, 예수 그리스도를 아는 자는 예수 그리스도를 믿는 자이기 때문입니다. 그러므로 우리는 다 예수 그리스도를 믿는 것과 아는 일에 하나가 되어 온전한 사람을 이루어 그리스도의 장성한 분량이 충만한 데까지 이르러야 합니다(엡4:13). 그리고 예수님을 알고 믿는 우리는 만민에게 예수님 곧 복음을 전파해야 합니다(막16:15).

엡4:13　　　“우리가 다 하나님의 아들을 믿는 것과 아는 일에 하나가 되어 온전한 사람을 이루어 그리스도의 장성한 분량이 충만한 데까지 이르리니”

막16:15　　　“또 이르시되 너희는 온 천하에 다니며 만민에게 복음을 전파하라”

우리는 예수님을 알아야 합니다. 그리고 우리는 우리 구주 예수 그리스도를 아는 지식에서 자라가야 합니다(벧후3:18). 이는 영생은 유일하신 참 하나님과 그가 보내신 자 예수 그리스도를 아는 것이기 때문입니다(요17:3). 그런데 사람의 지혜로는 아무도 예수 그리스도를 알 수가 없습니다. 오직 하나님께서 예수 그리스도를 알게 해 주십니다. 이는 하나님 아버지 외에는 그의 아들 예수 그리스도를 아는 자가 없기 때문입니다(마11:27). 그러므로 예수 그리스도를 알게 하시는 이는 하늘에 계신 하나님 아버지이십니다(마16:17). 하나님은 그의 아들 예수 그리스도를 성령님으로 증언하셨습니다. 곧 예수 그리스도를 증언하시는 이는 성령님이십니다(요일5:6). 그리고 그의 아들 예수 그리스도에 대하여 증언하신 하나님의 증거는 사람들의 증언보다 더 큽니다(요일5:9). 그러므로 우리는 예수 그리스도의 아버지 곧 우리의 아버지 하나님께서 알게 하심으로 예수 그리스도를 알아야 합니다. 우리가 하나님과 예수 그리스도를 앎으로 은혜와 평강이 더욱 많아집니다(벧후1:2). 그리고 우리가 우리를 부르신 하나님과 예수 그리스도를 앎으로 말미암아 하나님께서 그의 신기한 능력으로 생명과 경건에 속한 모든 것을 우리에게 주셨습니다(벧후1:3).

벧후3:18   "오직 우리 주 곧 구주 예수 그리스도의 은혜와 그를 아는 지식에서 자라 가라 영광이 이제와 영원한 날까지 그에게 있을지어다"

요17:3   "영생은 곧 유일하신 참 하나님과 그가 보내신 자 예수 그리스도를 아는 것이니이다"

마11:27	"내 아버지께서 모든 것을 내게 주셨으니 아버지 외에는 아들을 아는 자가 없고 아들과 또 아들의 소원대로 계시를 받는 자 외에는 아버지를 아는 자가 없느니라"
마16:17	"예수께서 대답하여 이르시되 바요나 시몬아 네가 복이 있도다 이를 네게 알게 한 이는 혈육이 아니요 하늘에 계신 내 아버지시니라"
요일5:6	"이는 물과 피로 임하신 이시니 곧 예수 그리스도시라 물로만 아니요 물과 피로 임하셨고 증언하는 이는 성령이시니 성령은 진리니라"
요일5:9	"만일 우리가 사람들의 증언을 받을진대 하나님의 증거는 더욱 크도다 하나님의 증거는 이것이니 그의 아들에 대하여 증언하신 것이니라"
벧후1:2	"하나님과 우리 주 예수를 앎으로 은혜와 평강이 너희에게 더욱 많을지어다"
벧후1:3	"그의 신기한 능력으로 생명과 경건에 속한 모든 것을 우리에게 주셨으니 이는 자기의 영광과 덕으로써 우리를 부르신 이를 앎으로 말미암음이라"

우리는 예수님을 믿어야 합니다. 우리는 하나님을 믿고 또 예수님을 믿어야 합니다(요14:1). 하나님은 예수님을 영접하는 자 곧 그 이름을 믿는 자들에게는 하나님의 자녀가 되는 권세를 주셨습

니다(요1:12). 곧 하나님께서 보내신 예수님을 믿는 것이 하나님의 일이며(요6:29), 예수님을 보고 믿는 자마다 영생을 얻는 것이 하나님 아버지의 뜻입니다(요6:40). 그러므로 우리는 예수님을 믿어야 합니다. 우리가 예수님을 믿으면 구원을 받습니다(행16:31). 곧 예수님을 믿는 자마다 멸망하지 않고 영생을 얻으며(요3:16), 예수님을 믿는 자는 영생이 있으며(요3:36), 예수님을 믿는 자는 성령을 받으며(요7:38-39), 예수님을 믿는 자는 영원히 목마르지 않습니다(요6:35). 그래서 우리는 예수님을 믿으며 예수님에 대한 믿음을 지키는 자입니다(계14:12). 우리가 예수님을 믿는 것은 예수님을 알고, 예수님을 영접하며, 예수님께 의뢰하고, 예수님께 순종하는 것입니다.

요14:1	"너희는 마음에 근심하지 말라 하나님을 믿으니 또 나를 믿으라"
요1:12	"영접하는 자 곧 그 이름을 믿는 자들에게는 하나님의 자녀가 되는 권세를 주셨으니"
요6:29	"예수께서 대답하여 이르시되 하나님께서 보내신 이를 믿는 것이 하나님의 일이니라 하시니"
요6:40	"내 아버지의 뜻은 아들을 보고 믿는 자마다 영생을 얻는 이것이니 마지막 날에 내가 이를 다시 살리리라 하시니라"
행16:31	"이르되 주 예수를 믿으라 그리하면 너와 네 집이 구원을 받으리라 하고"

요3:16	"하나님이 세상을 이처럼 사랑하사 독생자를 주셨으니 이는 그를 믿는 자마다 멸망하지 않고 영생을 얻게 하려 하심이라"
요3:36	"아들을 믿는 자에게는 영생이 있고 아들에게 순종하지 아니하는 자는 영생을 보지 못하고 도리어 하나님의 진노가 그 위에 머물러 있느니라"
요7:38-39	"나를 믿는 자는 성경에 이름과 같이 그 배에서 생수의 강이 흘러나오리라 하시니 이는 그를 믿는 자들이 받을 성령을 가리켜 말씀하신 것이라(예수께서 아직 영광을 받지 않으셨으므로 성령이 아직 그들에게 계시지 아니하시더라)"
요6:35	"예수께서 이르시되 나는 생명의 떡이니 내게 오는 자는 결코 주리지 아니할 터이요 나를 믿는 자는 영원히 목마르지 아니하리라"
계14:12	"성도들의 인내가 여기 있나니 그들은 하나님의 계명과 예수에 대한 믿음을 지키는 자니라"

우리는 예수님을 전파해야 합니다. 우리가 예수님을 알고 믿으면 예수님을 전파해야 합니다. 이는 하나님께서 전도로 믿는 자들을 구원하시기를 기뻐하시기 때문입니다(고전1:21). 또 하나님의 보내심을 받아 예수님을 전파하는 자가 있어야 예수님을 듣고 믿으며 주의 이름을 부르는 자가 되고 구원을 받기 때문입니다(롬10:13-15). 그러므로 우리는 하나님의 보내심을 받아 예수님을

전파해야 합니다. 진리의 성령님이 오셔서 예수님을 증언하시며(요 15:26), 성령님이 우리에게 임하시면 우리가 권능을 받고 예수님의 증인이 됩니다(행1:8). 그리고 예수님의 증인이 된 우리는 성경으로써 예수님을 증언하며(행18:28), 능력과 성령과 큰 확신으로 예수님을 증언하고(살전1:5), 예수님을 증언하는 일 곧 은혜의 복음을 증언하는 일을 마치려 함에는 우리 생명조차 조금도 귀한 것으로 여기지 아니해야 합니다(행20:24).

고전1:21	"하나님의 지혜에 있어서는 이 세상이 자기 지혜로 하나님을 알지 못하므로 하나님께서 전도의 미련한 것으로 믿는 자들을 구원하시기를 기뻐하셨도다"
롬10:13-15	"누구든지 주의 이름을 부르는 자는 구원을 받으리라 그런즉 그들이 믿지 아니하는 이를 어찌 부르리요 듣지도 못한 이를 어찌 믿으리요 전파하는 자가 없이 어찌 들으리요 보내심을 받지 아니하였으면 어찌 전파하리요 기록된 바 아름답도다 좋은 소식을 전하는 자들의 발이여 함과 같으니라"
요15:26	"내가 아버지께로부터 너희에게 보낼 보혜사 곧 아버지께로부터 나오시는 진리의 성령이 오실 때에 그가 나를 증언하실 것이요"
행1:8	"오직 성령이 너희에게 임하시면 너희가 권능을 받고 예루살렘과 온 유대와 사마리아와 땅 끝까지 이르러 내 증인이 되리라 하시니라"

행18:28	"이는 성경으로써 예수는 그리스도라고 증언하여 공중 앞에서 힘 있게 유대인의 말을 이김이러라"
살전1:5	"이는 우리 복음이 너희에게 말로만 이른 것이 아니라 또한 능력과 성령과 큰 확신으로 된 것임이라 우리가 너희 가운데서 너희를 위하여 어떤 사람이 된 것은 너희가 아는 바와 같으니라"
행20:24	"내가 달려갈 길과 주 예수께 받은 사명 곧 하나님의 은혜의 복음을 증언하는 일을 마치려함에는 나의 생명조차 조금도 귀한 것으로 여기지 아니하노라"

1. 예수님의 신분

우리는 예수님의 신분 곧 예수님이 누구이신가를 알고 믿고 전파해야 합니다.

성경은 예수님의 신분과 관련하여 두 가지 신분에 대하여 말씀합니다. 예수님의 두 가지 신분은 참 하나님이시며 참 사람이십니다. 예수님은 하나님 곧 하나님의 아들(성자 하나님)이십니다. 또한 예수님은 온전한 사람 곧 그리스도이십니다. 예수 그리스도는 하나님의 영원한 아들로서 사람이 되셨으며, 그러므로 그는 과거와 미래에 계속하여 하나님이시오, 사람이시며, 두 가지의 특유한 성품을 지니면서도 한 인격이십니다(요리문답 21번). 예수 그리스도는 참 하나님이시며, 참 사람이 되셨습니다(예수 그리스도의 양성: 신성과 인성). 곧 예수님은 하나님의 아들 그리스도이십니다.

1) 예수님은 하나님 곧 하나님의 아들이십니다.

우리는 예수님은 하나님 곧 하나님의 아들이심을 알고 믿고 전파해야 합니다.

예수님은 태초에 말씀으로 하나님과 함께 계신 하나님이십니다(요1:1). 그래서 하나님의 말씀에 아들(예수님)을 하나님이라 부릅니다(히1:8). 예수님은 하나님의 본체(빌2:6) 곧 하나님의 영광의 광채시오 그 본체의 형상이십니다(히1:3). 예수님은 전능하신 하나님이시요(사9:6), 독생하신 하나님(begotten God) 이시며(요1:18), 참 하나님이십니다(요일5:20). 예수 그리스도는 만물 위에 계셔서 세세에 찬양을 받으실 하나님이십니다(롬9:5). 또한 예수님은 하나님의 아들(성자 하나님)이십니다. 성부 하나님은 예수님을 아들이라고 부르셨으며(마3:17), 예수님은 하나님을 아버지라 부르셨습니다(요17:1).

요1:1   "태초에 말씀이 계시니라 이 말씀이 하나님과 함께
          계셨으니 이 말씀은 곧 하나님이시니라"

히1:8   "아들에 관하여는 하나님이여 주의 보좌는 영영하
          며 주의 나라의 규는 공평한 규이니이다"

빌2:6   "그는 근본 하나님의 본체시나 하나님과 동등됨을
          취할 것으로 여기지 아니하시고"

히1:3   "이는 하나님의 광채시오 그 본체의 형상이시라 그
          의 능력의 말씀으로 만물을 붙드시며 죄를 정결하게

하는 일을 하시고 높은 곳에 계신 지극히 크신 이의
우편에 앉으셨느니라"

사9:6   "이는 한 아기가 우리에게 났고 한 아들을 우리에게
주신 바 되었는데 그의 어깨에는 정사를 메었고 그
의 이름은 기묘자라, 모사라, 전능하신 하나님이라,
영존하시는 아버지라, 평강의 왕이라 할 것임이라"

요1:18   "본래 하나님을 본 사람이 없으되 아버지 품 속에 있
는 독생하신 하나님이 나타내셨느니라"

요일5:20   "또 아는 것은 우리는 하나님의 아들이 이르러 우리
에게 지각을 주사 우리로 참된 자를 알게 하신 것과
또한 우리가 참된 자 곧 그의 아들 예수 그리스도 안
에 있는 것이니 그는 참 하나님이시오 영생이시라"

롬9:5   "조상들도 그들의 것이요 육신으로 하면 그리스도
가 그들에게서 나셨으니 그는 만물 위에 계셔서 세
세에 찬양을 받으실 하나님이시니라 아멘"

마3:17   "하늘로부터 소리가 있어 말씀하시되 이는 내 사랑
하는 아들이요 내 기뻐하는 자라 하시니라"

요17:1   "예수께서 이 말씀을 하시고 눈을 들어 하늘을 우러러
이르시되 아버지여 때가 이르렀사오니 아들을 영화롭
게 하사 아들로 아버지를 영화롭게 하옵소서"

예수님은 하나님 곧 하나님의 아들이심을 알고 믿고 전파하는
우리는 어떻게 해야 할까요?

유대인들은 예수님이 자기를 하나님의 아들이라 한다는 이유로 그를 죽였습니다(요19:7). 그러나 우리는 예수님이 하나님의 아들 그리스도이심을 믿어야 하고(요20:31), 전파해야 합니다(행9:20). 또한 우리는 하나님의 아들의 이름을 믿는 우리에게는 영생이 있음을 알아야 합니다(요일5:13). 그리고 예수님을 하나님의 아들이라 시인하는 우리는 하나님이 우리 안에 거하시고 우리도 하나님 안에 거해야 합니다(요일4:15). 또한 예수님께서 하나님의 아들이심을 믿는 우리는 세상을 이겨야 합니다(요일5:5).

요19:7　　　　"유대인들이 대답하되 우리에게 법이 있으니 그 법대로 하면 그가 당연히 죽을 것은 그가 자기를 하나님의 아들이라 함이니이다"

요20:31　　　"오직 이것을 기록함은 너희로 예수께서 하나님의 아들 그리스도이심을 믿게 하려 함이요 또 너희로 믿고 그 이름을 힘입어 생명을 얻게 하려 함이니라"

행9:20　　　　"즉시로 각 회당에서 예수가 하나님의 아들이심을 전파하니"

요일5:13　　　"내가 하나님의 아들의 이름을 믿는 너희에게 이것을 쓰는 것은 너희로 하여금 너희에게 영생이 있음을 알게 하려 함이라"

요일4:15　　　"누구든지 예수를 하나님의 아들이라 시인하면 하나님이 그의 안에 거하시고 그도 하나님 안에 거하느니라"

요일5:5 　　"예수께서 하나님의 아들이심을 믿는 자가 아니면 세상을 이기는 자가 누구냐"

　예수님은 삼위일체(신학적 용어) 하나님의 제2위(신학적 용어)이신 성자 하나님이십니다. 하나님은 삼위(성부, 성자, 성령)로 계시는데 한 분이십니다. 곧 한 분이신 하나님이 성부, 성자, 성령 삼위로 존재하시며 사역하십니다. 하나님에게는 성부, 성자, 성령의 삼위가 있는데 이 셋이 한 하나님이시며 본질이 같고, 능력과 영광이 동등하십니다.(요리문답 6번) 그러므로 하나님이 모양만 바꾼다고 주장하는 삼위를 무시하는 양태론이나, 하나님은 세 분이다고 주장하는 일체를 무시하는 삼신론은 모두 잘못된 것입니다.
　'삼위일체' 용어는 성경에는 없는 신학적인 용어입니다. 삼위일체는 오직 하나님의 존재하심과 사역하심을 나타내는 용어입니다. 피조물 중에는 삼위일체로 존재하며 사역하는 피조물이 없습니다. 그러므로 삼위일체 하나님을 피조물을 예로 들어 설명할 수가 없습니다. 그래서 삼위일체 하나님은 오직 믿음으로 곧 성령님이 임하시므로 알 수 있습니다.

　2) 하나님이신 예수님이 사람이 되셨으며 그리스도이십니다.

　우리는 하나님이신 예수님이 사람이 되셨으며 그리스도이심을 알고 믿고 전파해야 합니다.
　예수 그리스도는 사람이시며, 하나님과 사람 사이에 중보자이

십니다(딤전2:5). 곧 태초에 말씀으로 하나님과 함께 계신 하나님
이신 예수님이 육신(사람)이 되어 이 세상에 오셨습니다(요1:14).
하나님의 아들이신 예수님은 참 육신과 영혼을 취하심으로써 사
람이 되셨습니다. 그는 성령의 능력에 의하여 동정녀 마리아의 몸
에 잉태되어 그에게서 나셨으나 죄는 없으십니다.(요리문답 22번)
이 세상에 오신 예수님은 그 안에 신성의 모든 충만이 육체로 거하
십니다(골2:9). 그리고 하나님이 사람이 되신 예수님은 그리스도
(메시야, 구주)이십니다. 그리스도란 "기름 부은 자"란 뜻으로 하
나님 아버지께서 아들 예수님에게 기름을 부으셨습니다(사61:1).
곧 하나님이 나사렛 예수에게 성령과 능력을 기름 붓듯 하셨습니
다(행10:38). 이에 예수님은 자신이 그리스도이심을 말씀하셨습
니다(요4:25-26).

딤전2:5   "하나님은 한 분이시오 또 하나님과 사람 사이에 중
              보자도 한 분이시니 곧 사람이신 그리스도 예수라"
요1:14   "말씀이 육신이 되어 우리 가운데 거하시매 우리가
              그의 영광을 보니 아버지의 독생자의 영광이요 은혜
              와 진리가 충만하더라"
골2:9   "그 안에는 신성의 모든 충만이 육체로 거하시고"
사61:1   "주 여호와의 영이 내게 내리셨으니 이는 여호와께
              서 내게 기름을 부으사 가난한 자에게 아름다운 소
              식을 전하게 하려 하심이라 나를 보내사 마음이 상
              한 자를 고치며 포로된 자에게 자유를, 갇힌 자에게

놓임을 선포하며"

행10:38   "하나님이 나사렛 예수에게 성령과 능력을 기름 붓

듯 하셨으매 그가 두루 다니시며 선한 일을 행하시

고 마귀에게 눌린 모든 사람을 고치셨으니 이는 하

나님이 함께 하셨음이라"

요4:25-26   "여자가 이르되 메시야 곧 그리스도라 하는 이가 오

실 줄을 내가 아노니 그가 오시면 모든 것을 우리에

게 알려 주시리이다 예수께서 이르시되 네게 말하는

내가 그라 하시니라"

    하나님이신 예수님이 사람이 되셨으며 그리스도이심을 알고 믿고 전파하는 우리는 어떻게 해야 할까요?

    유대인들은 예수님이 그리스도이심을 믿지 않았고 오히려 그들은 누구든지 예수를 그리스도로 시인하는 자는 출교하기로 결의 하였습니다(요9:22). 이와 같이 예수님께서 그리스도이심을 부인하는 자는 거짓말하는 자이며 적그리스도입니다(요일2:22). 그러므로 우리는 예수님께서 그리스도이심을 믿어야 합니다(요20:31). 사도들은 예수님이 그리스도이심을 고백하며(눅9:20), 가르치고(행5:42), 증언하였습니다(행18:5). 우리도 예수님이 그리스도이심을 고백하며 가르치고 증언해야 합니다.

요9:22   "그 부모가 이렇게 말한 것은 이미 유대인들이 누구

든지 예수를 그리스도로 시인하는 자는 출교하기로

결의하였으므로 그들을 무서워함이러라"

요일2:22   "거짓말하는 자가 누구냐 예수께서 그리스도이심을
             부인하는 자가 아니냐 아버지와 아들을 부인하는 그
             가 적그리스도니"

요20:31   "오직 이것을 기록함은 너희로 예수께서 하나님의
             아들 그리스도이심을 믿게 하려 함이요 또 너희로
             믿고 그 이름을 힘입어 생명을 얻게 하려 함이니라"

눅9:20   "예수께서 이르시되 너희는 나를 누구라 하느냐 베
             드로가 대답하여 이르되 하나님의 그리스도시니이
             다 하니"

행5:42   "그들이 날마다 성전에 있든지 집에 있든지 예수는
             그리스도라고 가르치기와 전도하기를 그치지 아니
             하니라"

행18:5   "실라와 디모데가 마게도냐로부터 내려오매 바울이
             하나님의 말씀에 붙잡혀 유대인들에게 예수는 그리
             스도라 밝히 증언하니"

2. 예수님의 직무

우리는 예수님의 직무 곧 예수님이 하시는 일을 알고 믿고 전파
해야 합니다.

성경은 예수 그리스도의 사역과 관련하여 세 가지 직무에 대하
여 말씀합니다. 예수님의 세 가지 직무는 예언자(선지자), 제사장,

왕의 직무입니다. 예수님은 하나님 아버지께서 보내신 예언자로 이 세상에 오셔서 하나님의 말씀을 전하셨습니다. 그리고 예수님은 하나님께서 세우신 대제사장으로 이 세상에 오셔서 자기 피로 영원한 제사를 드리시고, 우리의 제사장으로 우리를 위하여 하늘 성소에 들어가셨으며, 지금도 우리를 위하여 간구하십니다. 또한 예수님은 하나님이 세우신 왕으로 하나님의 백성과 교회를 통치하시며 우주만물을 통치하시고 심판하십니다. 예수 그리스도는 우리의 예언자이시며 제사장이시며 왕이십니다.

1) 예수님의 예언자의 직무

우리는 예수님의 예언자의 직무를 알고 믿고 전파해야 합니다.

예언자(선지자)란 하나님의 계시를 받으며 그 받은 계시들을 백성에게 전달하는 사람을 말합니다. 곧 예언자란 하나님의 계시를 받으며 하나님의 사자로서 하나님의 일을 하며 하나님의 이름으로 말하는 자입니다. 그러므로 예언자는 하나님께 아무 것도 받지 않고는 전할 수 없으며 또 그가 하나님께 받은 것 이상으로는 전할 수 없습니다. 그런데 하나님의 계시를 받는 자라고 해서 반드시 예언자는 아니며, 예언자가 되는 것은 하나님의 계시를 다른 사람들에게 전하라는 하나님의 소명과 지시가 있어야 합니다.

하나님 아버지께서 예수님을 예언자(선지자)로 세우셨습니다(신18:18). 이에 예수님이 예언자의 직무를 수행하심은 그의 말씀과 성령에 의하여 우리의 구원을 위한 하나님의 뜻을 우리에게 계시함으로써 하십니다(요리문답 24번). 예수님은 하나님 아버지께 들은 것을 세상에 말씀하셨습니다(요8:26). 곧 예수님은 자의로 말씀하신 것이 아니요 그를 보내신 하나님 아버지께서 그의 말할 것과 이를 것을 친히 명령하여 주심으로 하나님 아버지께서 그에게 말씀하신 그대로 말씀하셨습니다(요12:49-50). 그러므로 예수님의 말씀은 그를 보내신 하나님 아버지의 말씀입니다(요14:24). 예수님은 이렇게 하나님이 보내신 예언자로 이 세상에 오셔서 말씀을 전하셨습니다. 그리고 예수님이 전하신 말씀은 영이요 생명이며(요6:63), 예수님은 그가 택하신 사도들에게 성령으로 명하셨습니다(행1:2).

신18:17-18	"여호와께서 내게 이르시되 그들의 말이 옳도다 내가 그들의 형제 중에서 너와 같은 선지자 하나를 그들을 위하여 일으키고 내 말을 그 입에 두리니 내가 그에게 명령하는 것을 그가 무리에게 다 말하리라"
요8:26	"내가 너희에게 대하여 말하고 판단할 것이 많으나 나를 보내신 이가 참되시매 내가 그에게 들은 그것을 세상에 말하노라 하시되"
요12:49-50	"내가 내 자의로 말한 것이 아니요 나를 보내신 아버지께서 내가 말할 것과 이를 것을 친히 명령하여 주셨으니 나는 그의 명령이 영생인 줄 아노라 그러므로 내가 이르는 것은 내 아버지께서 내게 말씀하신 그대로니라 하시니라"

요14:24	"나를 사랑하지 아니하는 자는 내 말을 지키지 아니하나니 너희가 듣는 말은 내 말이 아니요 나를 보내신 아버지의 말씀이니라"
요6:63	"살리는 것은 영이니 육은 무익하니라 내가 너희에게 이른 말은 영이요 생명이라"
행1:2	"그가 택하신 사도들에게 성령으로 명하시고 승천하신 날까지의 일을 기록하였노라"

예수님의 예언자의 직무를 알고 믿고 전파하는 우리는 어떻게 해야 할까요?

우리는 예수님은 오직 하나님 아버지께서 가르치신 대로 말씀하셨음을 알아야 합니다(요8:28). 그리고 우리는 하나님께 속한 자는 하나님의 말씀을 듣는 줄을 알아야 하며(요8:47), 우리는 예수님의 말씀을 들을 줄 알고 깨달아야 합니다(막7:14, 요8:43). 또한 예수님의 말씀이 우리 안에 있을 곳이 있어야 하며(요8:37), 예수님의 말씀이 우리 안에 거해야 합니다(요15:7). 그리고 우리는 음란하고 죄 많은 세대에서 예수님과 그의 말씀을 부끄러워하지 말고(막8:38), 예수님을 사랑하므로 그의 말씀을 지켜야 합니다(요14:23). 우리는 작은 능력을 가지고서도 예수님의 말씀을 지켜야 합니다(계3:8).

| 요8:28 | "이에 예수께서 이르시되 너희가 인자를 든 후에 내가 그인 줄을 알고 또 내가 스스로 아무 것도 하지 |

아니하고 오직 아버지께서 가르치신 대로 이런 것을 말하는 줄도 알리라"

요8:47   "하나님께 속한 자는 하나님의 말씀을 듣나니 너희가 듣지 아니함은 하나님께 속하지 아니하였음이로다"

막7:14   "무리를 다시 불러 이르시되 너희는 다 내 말을 듣고 깨달으라"

요8:43   "어찌하여 내 말을 깨닫지 못하느냐 이는 내 말을 들을 줄 알지 못함이로다"

요8:37   "나도 너희가 아브라함의 자손인 줄 아노라 그러나 내 말이 너희 안에 있을 곳이 없으므로 나를 죽이려 하는도다"

요15:7   "너희가 내 안에 거하고 내 말이 너희 안에 거하면 무엇이든지 원하는 대로 구하라 그리하면 이루리라"

막8:38   "누구든지 이 음란하고 죄 많은 세대에서 나와 내 말을 부끄러워하면 인자도 아버지의 영광으로 거룩한 천사들과 함께 올 때에 그 사람을 부끄러워하리라"

요14:23   "예수께서 대답하여 이르시되 사람이 나를 사랑하면 내 말을 지키리니 내 아버지께서 그를 사랑하실 것이요 우리가 그에게 가서 거처를 그와 함께 하리라"

계3:8   "볼지어다 내가 네 앞에 열린 문을 두었으되 능히 닫을 사람이 없으리라 내가 네 행위를 아노니 네가 작은 능력을 가지고서도 내 말을 지키며 내 이름을 배반하지 아니하였도다""

2) 예수님의 제사장의 직무

우리는 예수님의 제사장의 직무를 알고 믿고 전파해야 합니다.

예언자는 하나님의 사자로 하나님께서 사람들에게 보내신 자입니다. 반면에 제사장은 하나님께 대한 사람의 대표자입니다. 그래서 예언자는 하나님을 대신해 사람들에게 말하지만, 제사장은 사람들을 대표해 하나님께 나아가 사람들을 위하여 하나님께 말합니다. 곧 제사장은 사람 가운데서 취한 자이므로 하나님께 속한 일에 사람을 위하여 예물과 속죄하는 제사를 드리게 하며(히5:1), 제사장의 존귀는 아무나 스스로 취하지 못하고 오직 아론과 같이 하나님의 부르심을 입은 자라야 합니다(히5:4).

예수님은 거룩하고 악이 없고 더러움이 없고 죄인에게서 떠나 계시고 하늘보다 높이 되신 이시므로 우리에게 합당한 대제사장이십니다(히7:26). 그리고 예수 그리스도께서 대제사장이 되심은 스스로 되신 것이 아니요 하나님이 세우신 대제사장이십니다(히5:5-6). 곧 예수님은 자기에게 말씀하신 하나님으로 말미암아 맹세로 제사장이 되셨습니다(히7:20-21). 이는 하나님 아버지께서 맹세하시고 예수님을 멜기세덱의 서열을 따라 영원한 제사장이라 하셨기 때문입니다(시110:4). 그리고 예수님은 영원히 계시므로 그 제사 직분도 갈리지 아니하며 그가 항상 살아계셔서 우리를 위하여 간구하시므로 우리를 온전히 구원하실 수 있으십니다(히7:24-25).

히5:1	"대제사장마다 사람 가운데서 택한 자이므로 하나님께 속한 일에 사람을 위하여 예물과 속죄하는 제사를 드리게 하셨으니"
히5:4	"이 존귀는 아무도 스스로 취하지 못하고 오직 아론과 같이 하나님의 부르심을 받은 자라야 할 것이니라"
히7:26	"이러한 대제사장은 우리에게 합당하니 거룩하고 악이 없고 더러움이 없고 죄인에게서 떠나 계시고 하늘보다 높이 되신 이라"
히5:5-6	"또한 이와 같이 그리스도께서 대제사장 되심도 스스로 영광을 취하심이 아니요 오직 말씀하신 이가 그에게 이르시되 너는 내 아들이니 내가 오늘 너를 낳았다 하셨고 또한 이와 같이 다른데서 말씀하시되 네가 영원히 멜기세덱의 반차를 따르는 제사장이라 하셨으니"
히7:20-21	"또 예수께서 제사장이 되신 것은 맹세 없이 된 것이 아니니 (그들은 맹세 없이 제사장이 되었으되 오직 예수는 자기에게 말씀하신 이로 말미암아 맹세로 되신 것이라 주께서 맹세하시고 뉘우치지 아니하시리니 네가 영원히 제사장이라 하셨도다)
시110:4	"여호와는 맹세하고 변하지 아니 하시리라 이르시기를 너는 멜기세덱의 서열을 따라 영원한 제사장이라 하셨도다"

히7:24-25   "예수는 영원히 계시므로 그 제사장 직분도 갈리지
              아니하느니라 그러므로 자기를 힘입어 하나님께 나
              아가는 자들을 온전히 구원하실 수 있으니 이는 그
              가 항상 살아 계셔서 그들을 위하여 간구하심이라"

　　예수 그리스도께서 제사장의 직무를 수행하심은 하나님의 공
의를 만족시키시고, 우리를 하나님과 화해시키시기 위하여 단번
에 자신을 희생의 제물로 바치신 일과 우리를 위하여 계속 중재
하심으로써 하십니다(요리문답 25번). 예수 그리스도는 대제사장
으로 이 세상에 오셔서 자기 피로 영원한 속죄를 이루시고 단번
에 하늘 성소에 들어가셨습니다(히9:11-12). 곧 예수 그리스도는
우리 죄를 위하여 한 영원한 제사를 드리시고 하나님 우편에 앉
으셨으며(히10:12), 예수 그리스도께서 몸을 단번에 드리심으로
말미암아 우리가 거룩함을 얻었습니다(히10:10). 예수님이 영원
한 대제사장이 되어 우리를 위하여 하늘 성소에 들어가신 것입니
다(히6:20). 곧 승천하신 예수님이 우리의 큰 대제사장이십니다(
히4:14).

히9:11-12   "그리스도께서는 장래 좋은 일의 대제사장으로 오
              사 손으로 짓지 아니한 것 곧 이 창조에 속하지 아니
              한 더 크고 온전한 장막으로 말미암아 염소와 송아
              지의 피로 하지 아니하고 오직 자기의 피로 영원한
              속죄를 이루사 단번에 성소에 들어가셨느니라"

히10:12	"오직 그리스도는 죄를 위하여 한 영원한 제사를 드리시고 하나님 우편에 앉으사"
히10:10	"이 뜻을 따라 예수 그리스도의 몸을 단번에 드리심으로 말미암아 우리가 거룩함을 얻었노라"
히6:20	"그리로 앞서 가신 예수께서 멜기세덱의 반차를 따라 영원히 대제사장이 되어 우리를 위하여 들어가셨느니라"
히4:14	"그러므로 우리에게 큰 대제사장이 계시니 승천하신 이 곧 하나님의 아들 예수시라 우리가 믿는 도리를 굳게 잡을지어다"

예수님의 제사장의 직무를 알고 믿고 전파하는 우리는 어떻게 해야 할까요?

우리는 우리에게 하늘에서 위엄의 보좌 우편에 앉으신 대제사장이 계신 것은 중요한 말씀임을 알아야 하고(히8:1), 우리가 믿는 도리를 굳게 잡아야 합니다(히4:14). 그리고 우리는 대제사장이신 예수님을 깊이 생각해야 합니다(히3:1). 또한 예수님께서 아버지 하나님을 위하여 우리를 나라와 제사장으로 삼으신 것을 찬양하고(계1:6), 우리는 왕 같은 제사장임을 고백하며(벧전2:9), 우리는 예수 그리스도로 말미암아 하나님이 기쁘게 받으실 신령한 제사를 드릴 거룩한 제사장이 되어야 합니다(벧전2:5). 우리는 예수님이 재림하실 때 첫째 부활에 참여할 것이며 하나님과 그리스도의 제사장이 되어 천 년 동안 그리스도와 더불어 왕 노릇 할 것입니다(계20:6).

히8:1	"지금 우리가 하는 말의 요점은 이러한 대제사장이 우리에게 있다는 것이라 그는 하늘에서 지극히 크신 이의 보좌 우편에 앉으셨으니"
히4:14	"그러므로 우리에게 큰 대제사장이 계시니 승천하신 이 곧 하나님의 아들 예수시라 우리가 믿는 도리를 굳게 잡을지어다"
히3:1	"그러므로 함께 하늘의 부르심을 받은 거룩한 형제들아 우리가 믿는 도리의 사도이시며 대제사장이신 예수를 깊이 생각하라"
계1:6	"그의 아버지 하나님을 위하여 우리를 나라와 제사장으로 삼으신 그에게 영광과 능력이 세세토록 있기를 원하노라"
벧전2:9	"그러나 너희는 택하신 족속이요 왕 같은 제사장들이요 거룩한 나라요 그의 소유가 된 백성이니 이는 너희를 어두운 데서 불러 내어 그의 기이한 빛에 들어가게 하신 이의 아름다운 덕을 선포하게 하려 하심이라"
벧전2:5	"너희도 산 돌 같이 신령한 집으로 세워지고 예수 그리스도로 말미암아 하나님이 기쁘게 받으실 신령한 제사를 드릴 거룩한 제사장이 될지니라"
계20:6	"이 첫째 부활에 참여하는 자들은 복이 있고 거룩하

도다 둘째 사망이 그들을 다스리는 권세가 없고 도
리어 그들이 하나님과 그리스도의 제사장이 되어 천
년 동안 그리스도와 더불어 왕 노릇 하리라"

3) 예수님의 왕의 직무

우리는 예수님의 왕의 직무를 알고 믿고 전파해야 합니다.

하나님은 그 보좌를 하늘에 세우시고 그의 왕권으로 만유를 통
치하십니다(시103:19). 그리고 예수 그리스도는 모든 피조물에
대한 하나님의 통치권에 참여하십니다. 곧 하나님께서 만물을 예
수 그리스도의 발아래 복종하게 하시고 그를 교회의 머리(통치자)
로 삼으셨으며(엡1:22), 예수 그리스도는 왕으로서 만물을 통치하
십니다. 예수 그리스도는 몸인 교회의 머리이시며(골1:18), 모든
통치자와 권세의 머리(골2:10) 곧 땅의 임금들의 머리가 되십니
다(계1:5). 이는 하나님 아버지께서 예수 그리스도를 오른손으로
높이사 임금과 구주로 삼으셨기 때문입니다(행5:31). 그러므로 예
수 그리스도는 만왕의 왕이요 만주의 주이시며(계19:16), 그가 모
든 원수를 그 발아래에 둘 때까지 반드시 왕 노릇 하실 것입니다
(고전15:25).

시103:19   "여호와께서 그의 보좌를 하늘에 세우시고 그의 왕
                권으로 만유를 다스리시도다"

엡1:22   "또 만물을 그의 발아래에 복종하게 하시고 그를 만

물 위에 교회의 머리로 삼으셨느니라"

골1:18	"그는 몸인 교회의 머리시라 그가 근본이시오 죽은 자들 가운데서 먼저 나신 이시니 이는 친히 만물의 으뜸이 되려 하심이요"
골2:10	"너희도 그 안에서 충만하여졌으니 그는 모든 통치자와 권세의 머리시라"
계1:5	"또 충성된 증인으로 죽은 자들 가운데에서 먼저 나시고 땅의 임금들의 머리가 되신 예수 그리스도로 말미암아 은혜와 평강이 너희에게 있기를 원하노라 우리를 사랑하사 그의 피로 우리 죄에서 우리를 해방하시고"
행5:31	"이스라엘에게 회개함과 죄 사함을 주시려고 그를 오른손으로 높이사 임금과 구주로 삼으셨느니라"
계19:16	"그 옷과 다리에 이름을 쓴 것이 있으니 만왕의 왕이요 만주의 주라 하였더라"
고전15:25	"그가 모든 원수를 그 발아래에 둘 때까지 반드시 왕 노릇 하시리니"

예수 그리스도는 하나님 아버지께 수여받은 왕의 직무가 있으며, 이를 중보적 왕의 직무라고 합니다. 예수 그리스도의 중보적 왕의 직무는 하나님의 영광과 하나님의 구원의 목적을 위하여 만물을 지배하는 통치권입니다. 그런데 예수 그리스도의 왕의 직무에는 하나님의 백성(교회)에 대한 왕의 직무와 모든 피조물(우주

만물)에 대한 왕의 직무가 있습니다. 그리고 예수 그리스도께서 왕의 직무를 수행하심은 그가 우리를 자기에게 복종하게 하는 일과 우리를 다스리시고 지켜 주시는 일과 그와 우리의 모든 원수들을 제재하고 정복하심으로써 하십니다(요리문답 26번).

① 예수 그리스도의 하나님의 백성(교회)에 대한 왕의 직무

하나님의 백성(교회)에 대한 예수 그리스도의 왕의 직무는 영적입니다. 이는 이 직무가 하나님의 백성(교회)의 구원과 관련되어 있으며, 그 통치 수단이 진리와 지혜, 공의와 거룩 그리고 말씀과 성령에 의해 통치되고 있기 때문입니다.

하나님께서 다윗에게 한 의로운 가지(예수님)를 일으켜 그가 왕이 되게 하셨습니다(렘23:5-6). 곧 하나님께서 그 조상 다윗의 왕위를 예수님에게 주셨고(눅1:32), 예수님은 다윗의 열쇠를 가지셨습니다(계3:7). 그러므로 예수님은 하나님께서 세우신 왕이시며(시2:6), 하나님께서 나라를 예수님께 맡기셨습니다(눅22:29). 예수님은 평강의 왕이시며(사9:6), 그 왕권은 영원합니다(시45:6-7). 곧 예수님은 이스라엘(교회)을 다스리실 것이며 영원히 왕 노릇하실 것입니다(미5:2, 눅1:33). 그리고 예수 그리스도의 나라는 이 세상에 속한 것이 아닙니다(요18:36). 하나님은 이스라엘(하나님의 백성)에게 회개함과 죄 사함(구원)을 주시려고 예수님을 임금과 구주로 삼으셨습니다(행5:30-31).

렘23:5-6   "여호와의 말씀이니라 보라 때가 이르리니 내가 다

윗에게 한 의로운 가지를 일으킬 것이라 그가 왕이 되어 지혜롭게 다스리며 세상에서 정의와 공의를 행할 것이며 그의 날에 유다는 구원을 받겠고 이스라엘은 평안히 살 것이며 그의 이름은 여호와 우리의 공의라 일컬음을 받으리라"

눅1:31-32   "보라 네가 잉태하여 아들을 낳으리니 그 이름을 예수라 하라 그가 큰 자가 되고 지극히 높으신 이의 아들이라 일컬어질 것이요 주 하나님께서 그 조상 다윗의 왕위를 그에게 주리니"

계3:7   "빌라델비아 교회의 사자에게 편지하라 거룩하고 진실하사 다윗의 열쇠를 가지신 이 곧 열면 닫을 사람이 없고 닫으면 열 사람이 없는 그가 이르시되"

시2:6   "내가 나의 왕을 내 거룩한 산 시온에 세웠다 하시리로다"

눅22:29   "내 아버지께서 나라를 내게 맡기신 것 같이 나도 너희에게 맡겨"

시45:6-7   "하나님이여 주의 보좌는 영원하며 주의 나라의 규는 공평한 규이니이다 왕은 정의를 사랑하고 악을 미워하시니 그러므로 하나님 곧 왕의 하나님이 즐거움의 기름을 왕에게 부어 왕의 동료보다 뛰어나게 하셨나이다"

미5:2   "베들레헴 에브라다야 너는 유다 족속 중에 작을지라도 이스라엘을 다스릴 자가 네게서 내게로 나올

	것이라 그의 근본은 상고에, 영원에 있느니라"
눅1:33	"영원히 야곱의 집을 왕으로 다스리실 것이며 그 나라가 무궁하리라"
요18:36	"예수께서 대답하시되 내 나라는 이 세상에 속한 것이 아니니라 만일 내 나라가 이 세상에 속한 것이었더라면 내 종들이 싸워 나로 유대인들에게 넘겨지지 않게 하였으리라 이제 내 나라는 여기에 속한 것이 아니니라"
행5:30-31	"너희가 나무에 달아 죽인 예수를 우리 조상의 하나님이 살리시고 이스라엘에게 회개함과 죄 사함을 주시려고 그를 오른손으로 높이사 임금과 구주로 삼으셨느니라"

② 예수 그리스도의 모든 피조물에 대한 왕의 직무

모든 피조물에 대한 예수 그리스도의 왕의 직무는 교회를 위한 그의 섭리와 심판적인 통치를 의미합니다. 예수 그리스도는 자기의 백성들을 세상에서 당면하는 위험에서 보호하십니다. 그리고 예수 그리스도는 자기 백성을 보호하시기 위하여 그 원수들을 굴복시키며 파멸시키십니다. 예수 그리스도의 모든 피조물에 대한 왕의 직무는 하나님의 백성에 대한 왕의 직무에 도움을 줍니다. 예수 그리스도는 그리스도의 나라를 건설하시고 통치하시며 모든 적대 세력들에 대항하여 그리스도의 나라를 보호하십니다.

하나님은 예수님에게 하늘과 땅의 모든 권세를 주셨으며(마

28:18), 심판을 다 맡기셨습니다(요5:22). 그리고 하나님은 예수님을 자기의 오른편에 앉히셔서 모든 정사와 권세와 능력과 주관자들 위에 뛰어나게 하셨습니다(엡1:20-22). 곧 하나님은 예수님을 지극히 높여 하늘에 있는 자들과 땅에 있는 자들과 땅 아래 있는 자들로 모든 무릎을 예수님의 이름에 꿇게 하시고 모든 입으로 예수 그리스도를 주라 시인하게 하셨습니다(빌2:9-11). 그래서 하늘에 오르사 하나님 우편에 계신 예수님에게 천사들과 권세들과 능력들이 순복합니다(벧전3:22). 예수님은 세세토록 살아 계셔서 사망과 음부의 열쇠(권세)를 가지셨으며(계1:18), 예수님은 철장으로 원수들을 깨뜨리십니다(시2:9).

마28:18	"예수께서 나아와 말씀하여 이르시되 하늘과 땅의 모든 권세를 내게 주셨으니"
요5:22	"아버지께서 아무도 심판하지 아니하시고 심판을 다 아들에게 맡기셨으니"
엡1:20-22	"그의 능력이 그리스도 안에서 역사하사 죽은 자들 가운데서 다시 살리시고 하늘에서 자기의 오른 편에 앉히사 모든 통치와 권세와 능력과 주권과 이 세상 뿐 아니라 오는 세상에 일컫는 모든 이름 위에 뛰어나게 하시고"
빌2:9-11	"이러므로 하나님이 그를 지극히 높여 모든 이름 위에 뛰어난 이름을 주사 하늘에 있는 자들과 땅에 있는 자들과 땅 아래에 있는 자들로 모든 무릎을 예수

의 이름에 꿇게 하시고 모든 입으로 예수 그리스도를 주라 시인하여 하나님 아버지께 영광을 돌리게 하셨느니라"

벧전3:22 "그는 하늘에 오르사 하나님 우편에 계시니 천사들과 권세들과 능력들이 그에게 복종하느니라"

계1:18 "곧 살아 있는 자라 내가 전에 죽었었노라 볼지어다 이제 세세토록 살아 있어 사망과 음부의 열쇠를 가졌노니"

시2:9 "네가 철장으로 그들을 깨뜨림이여 질그릇 같이 부수리라 하시도다"

예수님의 왕의 직무를 알고 믿고 전파하는 우리는 어떻게 해야 할까요?

우리는 우리 입으로 예수님을 주(왕)로 시인하며(롬10:9), 주의 이름을 불러야 합니다(롬10:13). 그런데 성령님으로 아니하고는 누구든지 예수님을 주시라 할 수 없습니다(고전12:3). 그리고 우리는 우리를 심판하실 이는 주이심을 알고(고전4:4), 우리는 부지런하여 게으르지 말고 열심을 품고 주를 섬겨야 합니다(롬12:11). 또한 우리는 예수님은 자기에게 순종하는 모든 자에게 영원한 구원의 근원이 되시며(히5:9), 예수님에게 순종하지 아니하는 자는 영생을 보지 못하고 도리어 하나님의 진노가 그 위에 머물러 있음을 알아야 합니다(요3:36). 그리고 우리는 하나님 아는 것을 대적하여 높아진 것을 무너뜨리고 모든 생각을 사로잡아 그리스도에게 복종해야 합니다(고후10:5). 또한 우리는 그리스도를 경외함으로 피차 복종해야 합니다(엡5:21).

롬10:9	"네가 만일 네 입으로 예수를 주로 시인하며 또 하나님께서 그를 죽은 자 가운데서 살리신 것을 믿으면 구원을 받으리라"
롬10:13	"누구든지 주의 이름을 부르는 자는 구원을 받으리라"
고전12:3	"그러므로 내가 너희에게 알리노니 하나님의 영으로 말하는 자는 누구든지 예수를 저주할 자라 하지 아니하고 또 성령으로 아니하고는 누구든지 예수를 주시라 할 수 없느니라"
고전4:4	"내가 자책할 아무 것도 깨닫지 못하나 이로 말미암아 의롭다 함을 얻지 못하리라 다만 나를 심판하실 이는 주시니라"
롬12:11	"부지런하여 게으르지 말고 열심을 품고 주를 섬기라"
히5:8-9	"그가 아들이시면서도 받으신 고난으로 순종함을 배워서 온전하게 되셨은즉 자기에게 순종하는 모든 자에게 영원한 구원의 근원이 되시고"
요3:36	"아들을 믿는 자에게는 영생이 있고 아들에게 순종하지 아니하는 자는 영생을 보지 못하고 도리어 하나님의 진노가 그 위에 머물러 있느니라"

| 고후10:5 | "하나님 아는 것을 대적하여 높아진 것을 다 무너뜨리고 모든 생각을 사로잡아 그리스도에게 복종하게 하니" |
| 엡5:21 | "그리스도를 경외함으로 피차 복종하라" |

　우리는 예수 그리스도를 알고 믿고 전파해야 합니다. 우리가 예수 그리스도를 온전히 믿기 위해서는 예수 그리스도를 알아야 합니다. 우리는 예수 그리스도를 알고 믿되 예수님의 신분 곧 예수님이 누구이신가를 알아야 하며, 예수님의 직무 곧 예수님이 하시는 일을 알아야 합니다. 예수님의 두 가지 신분은 참 하나님이시며 참 사람이십니다. 예수님은 하나님 곧 하나님의 아들이시며, 하나님이신 예수님이 사람이 되셨으며 그리스도이십니다. 그리고 예수님의 세 가지 직무는 예언자, 제사장, 왕의 직무입니다. 예수님은 하나님 아버지께서 보내신 예언자로 이 세상에 오셔서 하나님의 말씀을 전하셨습니다. 그리고 예수님은 하나님 아버지께서 세우신 대제자장으로 이 세상에 오셔서 자기 피로 영원한 제사를 드리시고 곧 십자가에 못 박혀 죽으시고, 부활하셔서 우리의 대제사장으로 우리를 위하여 하늘 성소에 들어가셨으며, 지금도 우리를 위하여 간구하십니다. 또한 예수님은 하나님이 세우신 왕으로 하나님의 백성과 교회를 통치하시며, 우주 만물을 통치하시고 심판하실 것입니다. 할렐루야! 아멘.

1. 태초에 계신 예수님

우리는 태초에 계신 예수 그리스도를 알고 믿고 전파해야 합니다.

예수님은 알파와 오메가요 처음과 마지막이요 시작과 마침이십니다(계22:13). 곧 예수님은 창조자요 심판자이시며 영원부터 영원까지 계시는 영원하신 분이십니다. 예수님은 태초에 생명의 말씀으로 하나님과 함께 계신 하나님이십니다. 곧 예수님은 하나님이시며 창조자이시며 생명이십니다. 그리고 예수님은 창세전에 하나님 아버지와 함께 영화를 가지셨으며, 예수님은 영세 전부터 감추어졌다가 이제는 나타내신바 되셨습니다.

계22:13   "나는 알파와 오메가요 처음과 마지막이요 시작과
             마침이라"

1) 예수님은 태초에 생명의 말씀으로 하나님과 함께 계신 하나님이십니다.

우리는 예수님은 태초에 생명의 말씀으로 하나님과 함께 계신 하나님이심을 알고 믿고 전파해야 합니다.

예수 그리스도의 근본은 상고(上古: 아주 오랜 옛날)에, 영원에 있습니다(미5:2). 곧 예수 그리스도는 영원하신 하나님이십니다. 예수 그리스도는 태초에 하나님과 함께 계신 생명의 말씀 곧 하나님이십니다(요1:1). 예수 그리스도는 참 하나님이시오 영생이시며, 우리가 그 안에 있습니다(요일5:20). 예수 그리스도는 하나님의 영광의 광채시오 그 본체의 형상이십니다(히1:3). 곧 예수 그리스도는 근본 하나님의 본체이십니다(빌2:6).

미5:2　　　　"베들레헴 에브라다야 너는 유다 족속 중에 작을지라도 이스라엘을 다스릴 자가 네게서 내게로 나올 것이라 그의 근본은 상고에, 영원에 있느니라"

요1:1　　　　"태초에 말씀이 계시니라 이 말씀이 하나님과 함께 계셨으니 이 말씀은 곧 하나님이시니라"

요일5:20　　　"또 아는 것은 하나님의 아들이 이르러 우리에게 지각을 주사 우리로 참된 자를 알게 하신 것과 또한 우리가 참된 자 곧 그 아들 예수 그리스도 안에 있는 것이니 그는 참 하나님이시오 영생이시라"

히1:3　　　　"이는 하나님의 영광의 광채시오 그 본체의 형상이시라 그의 능력의 말씀으로 만물을 붙드시며 죄를 정결하게 하는 일을 하시고 높은 곳에 계신 지극히 크신 이의 우편에 앉으셨느니라"

빌2:6　　　　"그는 근본 하나님의 본체시나 하나님과 동등됨을 취할 것으로 여기지 아니하시고"

예수님은 태초에 생명의 말씀으로 하나님과 함께 계신 하나님이심을 알고 믿고 전파하는 우리는 어떻게 해야 할까요?

우리는 예수님과 성부 하나님이 하나이심을 알고(요10:30), 예수님을 본 자는 아버지 하나님을 본 것임을 알아야 합니다(요14:9). 또한 우리는 예수님이 아버지 하나님 안에 계시고 아버지 하나님께서 예수님 안에 계심을 믿어야 하며(요14:11), 아버지 하나님께서 예수님 안에 계시고 예수님이 아버지 하나님 안에 계심을 깨달아 알아야 합니다(요10:38). 그리고 우리는 우리가 참 하나님이시오 영생이신 예수 그리스도 안에 있는 것을 알아야 합니다(요일5:20).

요10:30	"나와 아버지는 하나이니라 하신대"
요14:9	"예수께서 이르시되 빌립아 내가 이렇게 오래 너희와 함께 있으되 네가 나를 알지 못하느냐 나를 본 자는 아버지를 보았거늘 어찌하여 아버지를 보이라 하느냐"
요14:11	"내가 아버지 안에 거하고 아버지께서 내 안에 계심을 믿으라 그렇지 못하겠거든 행하는 그 일로 말미암아 나를 믿으라"
요10:38	"내가 행하거든 나를 믿지 아니할지라도 그 일은 믿으라 그러면 너희가 아버지께서 내 안에 계시고 내가 아버지 안에 있음을 깨달아 알리라 하시니"
요일5:20	"또 아는 것은 하나님의 아들이 이르러 우리에게 지

2) 태초에 계신 예수님은 창조자이십니다.

우리는 태초에 계신 예수님은 창조자이심을 알고 믿고 전파해
야 합니다.

예수 그리스도는 태초에 하나님과 함께 계셨고, 만물이 그로 말
미암아 지은 바 되었으며 지은 것이 하나도 그가 없이는 된 것이
없습니다(요1:2-3). 곧 예수 그리스도는 보이지 아니하시는 하나
님의 형상이시오 모든 피조물보다 먼저 나신(계신) 이시며, 만물이
그에게서 창조되었고, 만물이 그로 말미암고 그를 위하여 창조되
었으며, 만물이 그 안에 함께 섰습니다(골1:15-17). 그러므로 예
수 그리스도는 하나님의 창조의 근본이십니다(계3:14). 예수 그리
스도는 하나님 아버지께서 만물을 창조하실 때에 그 곁에 있어서
창조자가 되어 날마다 그의 기뻐하시는 바가 되었으며 항상 그 앞
에서 즐거워하셨습니다(잠8:30-31). 그리고 만물을 창조하신 예
수 그리스도는 만유시오 만유 안에 계시며(골3:11), 만유의 주가
되시고(행10:36), 만유의 상속자이십니다(히1:2).

요1:2-3   "그가 태초에 하나님과 함께 계셨고 만물이 그로 말
              미암아 지은 바 되었으니 지은 것이 하나도 그가 없

이는 된 것이 없느니라"

골1:15-17   "그는 보이지 아니하시는 하나님의 형상이시오 모든 피조물보다 먼저 나신 이시니 만물이 그에게서 창조되되 하늘과 땅에서 보이는 것들과 보이지 않는 것들과 혹은 왕권들이나 주권들이나 통치자들이나 권세들이나 만물이 다 그로 말미암고 그를 위하여 창조되었고 또한 그가 만물보다 먼저 계시고 만물이 그 안에 함께 섰느니라"

계3:14   "라오디게아교회의 사자에게 편지하라 아멘이시오 충성되고 참된 증인이시오 하나님의 창조의 근본이신 이가 이르시되"

잠8:30-31   "내가 그 곁에 있어서 창조자가 되어 날마다 그의 기뻐하신 바가 되었으며 항상 그 앞에서 즐거워하였으며 사람이 거처할 땅에서 즐거워하며 인자들을 기뻐하였느니라"

골3:11   "거기에는 헬라인이나 유대인이나 할례파나 무할례파나 야만인이나 스구디아인이나 종이나 자유인이 차별이 있을 수 없나니 오직 그리스도는 만유시오 만유 안에 계시니라"

행10:36   "만유의 주 되신 예수 그리스도로 말미암아 화평의 복음을 전하사 이스라엘 자손들에게 보내신 말씀"

히1:2   "이 모든 날 마지막에는 아들을 통하여 우리에게 말씀하셨으니 이 아들을 만유의 상속자로 세우시고 또

태초에 계신 예수님이 창조자이심을 알고 믿고 전파하는 우리
는 어떻게 해야 할까요?

우리는 예수님으로 말미암고 예수님을 위하여 창조되었으므로
예수님을 위하여 살아야 합니다(골1:16). 그리고 우리는 지으신
것이 하나도 창조자이신 예수님 앞에 나타나지 않음이 없고 우리
의 결산을 받으실 이의 눈앞에 만물이 벌거벗은 것 같이 드러날 것
을 알아야 합니다(히4:13). 그래서 우리는 새로 지으심을 받는 것
만이 중요함을 알고(갈6:15), 우리는 하나님을 따라 의와 진리의
거룩함으로 지으심을 받은 새 사람을 입어야 합니다(엡4:24). 곧
우리는 옛 사람과 그 행위를 벗어버리고 우리를 창조하신 예수님
을 따라 지식에까지 새롭게 하심을 입은 자이며(골3:10), 우리는
그리스도 예수 안에서 선한 일을 위하여 지으심을 받은 자임을 알
고 선한 일을 행해야 합니다(엡2:10).

골1:16   "만물이 그에게서 창조되되 하늘과 땅에서 보이는
              것들과 보이지 않는 것들과 혹은 왕권들이나 주권들
              이나 통치자들이나 권세들이나 만물이 다 그로 말미
              암고 그를 위하여 창조되었고"

히4:13   "지으신 것이 하나도 그 앞에 나타나지 않음이 없고
              우리의 결산을 받으실 이의 눈 앞에 만물이 벌거벗
              은 것 같이 드러나느니라"

갈6:15	"할례나 무할례가 아무 것도 아니로되 오직 새로 지으심을 받는 것만이 중요하니라"
엡4:24	"하나님을 따라 의와 진리의 거룩함으로 지으심을 받은 새 사람을 입으라"
골3:9-10	"너희가 서로 거짓말을 하지 말라 옛 사람과 그 행위를 벗어 버리고 새 사람을 입었으니 이는 자기를 창조하신 이의 형상을 따라 지식에까지 새롭게 하심을 입은 자니라"
엡2:10	"우리는 그가 만드신 바라 그리스도 예수 안에서 선한 일을 위하여 지으심을 받은 자니 이 일은 하나님이 전에 예비하사 우리로 그 가운데서 행하게 하려 하심이니라"

3) 태초에 계신 예수님은 생명이십니다.

우리는 태초에 계신 예수님은 생명이심을 알고 믿고 전파해야 합니다.

예수 그리스도는 태초부터 있는 생명의 말씀이십니다(요일1:1). 이 생명이 나타내신바 되었으며, 사도들은 이 영원한 생명을 보았고 증언하였는데, 이 생명은 아버지와 함께 계시다가 나타내신바 된 예수 그리스도십니다(요일1:2). 그리고 예수 그리스도 안에 생명이 있었으며 이 생명은 사람들의 빛입니다(요1:4). 그런데 예수 그리스도 안에 생명이 있음은 하나님 아버지께서 자기 속에 생명이 있음 같이 아들에게도 생명을 주어 그 속에 있게 하신 것입니다(요5:26). 예수님은 생명의 떡으로 이 세상에 오셨으며(요6:35), 예수님은 자신이 생명이심을 증언하셨습니다(요11:25). 예수님은 생명의 주이시며(행3:15), 우리의 생명이십니다(골3:4).

요일1:1	"태초부터 있는 생명의 말씀에 관하여는 우리가 들은 바요 눈으로 본 바요 자세히 보고 우리의 손으로 만진 바라"
요일1:2	"이 생명이 나타내신 바 된지라 이 영원한 생명을 우리가 보았고 증언하여 너희에게 전하노니 이는 아버지와 함께 계시다가 우리에게 나타내신 바 된 이시니라"
요1:4	"그 안에 생명이 있었으니 이 생명은 사람들의 빛이라"
요5:26	"아버지께서 자기 속에 생명이 있음 같이 아들에게도 생명을 주어 그 속에 있게 하셨고"
요6:35	"예수께서 이르시되 나는 생명의 떡이니 내게 오는 자는 결코 주리지 아니할 터이요 나를 믿는 자는 영원히 목마르지 아니하리라"
요11:25	"예수께서 이르시되 나는 부활이요 생명이니 나를 믿는 자는 죽어도 살겠고"
행3:15	"생명의 주를 죽였도다 그러나 하나님이 죽은 자 가운데서 그를 살리셨으니 우리가 이 일에 증인이라"

골3:4 "우리 생명이신 그리스도께서 나타나실 때에 너희도 그와 함께 영광 중에 나타나리라"

태초에 계신 예수님이 생명이심을 알고 믿고 전파하는 우리는 어떻게 해야 할까요?

우리는 생명이신 예수님께서 하나님의 아들 그리스도이심을 믿고 그 이름을 힘입어 생명을 얻어야 하며(요20:31), 우리는 예수님을 믿는 우리에게 영생이 있음을 알아야 합니다(요일5:13). 곧 우리는 우리에게 생명이신 예수님이 계시므로 생명이 있어야 합니다(요일5:12). 그리고 우리는 그리스도 예수님의 죽으심과 합하여 세례를 받음으로 그와 함께 장사되어 새 생명 가운데서 행해야 합니다(롬6:4). 곧 우리는 항상 예수님을 위하여 죽음에 넘겨지므로 예수님의 생명이 우리 죽을 육체에 나타나게 해야 합니다(고후4:11). 또한 우리는 생명과 평안인 영의 생각을 하며(롬8:6), 우리는 생명을 사랑하므로 혀를 금하여 악한 말을 그치며 입술로 거짓을 말하지 말고 악에서 떠나 선을 행하고 화평을 구하며 그것을 따라야 합니다(벧전3:10-11).

요20:31 "오직 이것을 기록함은 너희로 예수께서 하나님의 아들 그리스도이심을 믿게 하려 함이요 또 너희로 믿고 그 이름을 힘입어 생명을 얻게 하려 함이니라"

요일5:13 "내가 하나님의 아들의 이름을 믿는 너희에게 이것을 쓰는 것은 너희로 하여금 너희에게 영생이 있음을 알게 하려 함이라"

요일5:12	"아들이 있는 자에게는 생명이 있고 하나님의 아들이 없는 자에게는 생명이 없느니라"
롬6:4	"그러므로 우리가 그의 죽으심과 합하여 세례를 받음으로 그와 함께 장사되었나니 이는 아버지의 영광으로 말미암아 그리스도를 죽은 자 가운데서 살리심과 같이 우리로 또한 새 생명 가운데서 행하게 하려 함이라"
고후4:11	"우리 살아 있는 자가 항상 예수를 위하여 죽음에 넘겨짐은 예수의 생명이 또한 우리 죽을 육체에 나타나게 하려 함이라"
롬8:6	"육신의 생각은 사망이요 영의 생각은 생명과 평안이니라"
벧전3:10-11	"그러므로 생명을 사랑하고 좋은 날 보기를 원하는 자는 혀를 금하여 악한 말을 그치며 그 입술로 거짓을 말하지 말고 악에서 떠나 선을 행하고 화평을 구하며 그것을 따르라"

4) 예수님은 창세전에 아버지 하나님과 함께 영화를 가지셨습니다.

우리는 예수님은 창세전에 아버지 하나님과 함께 영화를 가지셨음을 알고 믿고 전파해야 합니다.

예수님은 창세전에 하나님 아버지와 함께 영화를 가지셨습니다(요17:5). 예수님은 아들을 영화롭게 하사 아들로 아버지를 영화롭게 하게 하시기를 하나님 아버지께 기도하셨으며(요17:1), 예수님은 하나님 아버지께서 하라고 맡기신 일을 이루어 아버지를 이 세상에서 영화롭게 하셨습니다(요17:4). 또한 예수님은 창세전에 아버지 하나님과 함께 가지셨던 영화로써 세상에서도 아버지와 함께 자기를 영화롭게 하시기를 하나님께 구하셨습니다(요17:5). 하나님 아버지께서는 창세전부터 예수 그리스도를 사랑하시므로 그에게 영광을 주셨으며(요17:24), 그의 종 예수님을 영화롭게 하셨습니다(행3:13). 그리고 예수님은 믿는 자들이 하나님 아버지께서 자기에게 주신 영광을 보기를 원하셨으며, 아버지께서 주신 영광을 제자들(믿는 자들)에게 주셨습니다(요17:22). 그래서 우리가 예수님을 믿으면 하나님의 영광을 보며(요11:40), 예수님이 하시는 영광스러운 일을 기뻐합니다(눅13:17).

요17:5   "아버지여 창세 전에 내가 아버지와 함께 가졌던 영화로써 지금도 아버지와 함께 나를 영화롭게 하옵소서"

요17:1   "예수께서 이 말씀을 하시고 눈을 들어 하늘을 우러러 이르시되 아버지여 때가 이르렀사오니 아들을 영화롭게 하사 아들로 아버지를 영화롭게 하게 하옵소서"

요17:4   "아버지께서 내게 하라고 주신 일을 이루어 아버지를 이 세상에서 영화롭게 하였사오니"

요17:24 "아버지여 내게 주신 자도 나 있는 곳에 함께 있어
        아버지께서 창세 전부터 나를 사랑하시므로 내게 주
        신 나의 영광을 그들로 보게 하시기를 원하옵나이
        다"

행3:13 "아브라함과 이삭과 야곱의 하나님 곧 우리 조상의
        하나님이 그의 종 예수를 영화롭게 하셨느니라 너희
        가 그를 넘겨 주고 빌라도가 놓아주기로 결의한 것
        을 너희가 그 앞에서 거부하였으니"

요17:22 "내게 주신 영광을 내가 그들에게 주었사오니 이는
        우리가 하나가 된 것 같이 그들도 하나가 되게 하려
        함이니이다"

요11:40 "예수께서 이르시되 내 말이 네가 믿으면 하나님의
        영광을 보리라 하지 아니하였느냐 하시니"

눅13:17 "예수께서 이 말씀을 하시매 모든 반대하는 자들은
        부끄러워하고 온 무리는 그가 하시는 영광스러운 일
        을 기뻐하니라"

예수님이 창세전에 아버지 하나님과 함께 영화를 가지셨음을 알
고 믿고 전파하는 우리는 어떻게 해야 할까요?

우리는 하나님께서 우리를 미리 정하시고 부르시고 의롭다 하
시고 영화롭게 하셨음을 알고 믿어야 합니다(롬8:30). 그리고 우
리는 하나님 곧 예수님을 영화롭게 해야 합니다(계15:4). 만일 우

리가 하나님의 명령을 마음에 두지 아니하여 하나님의 이름을 영화롭게 하지 아니하면 하나님이 저주를 내리실 것입니다(말2:2). 그러므로 우리는 하나님의 명령을 우리 마음에 두어 하나님의 이름을 영화롭게 해야 합니다. 죄인들은 하나님을 알되 하나님을 영화롭게 하지 아니합니다(롬1:21). 또한 우리가 하나님께 간구하면 하나님이 우리와 함께 하셔서 우리를 건지시고 영화롭게 하시며(시91:15), 우리가 환난 날에 하나님을 부르면 하나님이 우리를 건지시고 우리가 하나님을 영화롭게 합니다(시50:15). 그러므로 우리는 하나님께 간구하며 특히 환난 날에 하나님을 불러야 합니다. 그리고 우리는 무엇을 하든지 다 하나님의 영광을 위하여 해야 합니다(고전10:31).

롬8:30 　　　　"또 미리 정하신 그들을 또한 부르시고 부르신 그들을 또한 의롭다 하시고 의롭다 하신 그들을 또한 영화롭게 하셨느니라"

계15:4 　　　　"주여 누가 주의 이름을 두려워하지 아니하며 영화롭게 하지 아니하오리이까 오직 주만 거룩하시니이다 주의 의로우신 일이 나타났으매 만국이 와서 주께 경배하리이다 하더라"

말2:2 　　　　"만군의 여호와가 이르노라 너희가 만일 듣지 아니하며 마음에 두지 아니하여 내 이름을 영화롭게 하지 아니하면 내가 너희에게 저주를 내려 너희의 복을 저주하리라 이미 저주하였나니 이는 너희가 그것을 마음에 두지 아니하였음이라"

롬1:21   "하나님을 알되 하나님을 영화롭게도 아니하며 감
         사하지도 아니하고 오히려 그 생각이 허망하여지며
         미련한 마음이 어두워졌나니"

시91:15   "그가 내게 간구하리니 내가 그에게 응답하리라 그
         들이 환난 당할 때에 내가 그와 함께 하여 그를 건지
         고 영화롭게 하리라"

시50:15   "환난 날에 나를 부르라 내가 너를 건지리니 네가 나
         를 영화롭게 하리라"

고전10:31 "그런즉 너희가 먹든지 마시든지 무엇을 하든지 다
         하나님의 영광을 위하여 하라"

5) 예수님은 영세 전부터 계시며 감추어졌다가 이제는 나타
내신바 되셨습니다.

우리는 예수님은 영세 전부터 감추어졌다가 이제는 나타내신바
되셨음을 알고 믿고 전파해야 합니다.

태초부터 있는 생명의 말씀 곧 이 생명이 나타내신바 되었으며,
이 영원한 생명을 사도들이 보았고 증언하여 우리에게 전하였습
니다. 곧 예수 그리스도는 아버지와 함께 계시다가 우리에게 나타
내신바 된 분이십니다(요일1:1-2). 예수 그리스도는 영세(창세) 전
부터 감추어졌다가 이제는 나타내신바 되셨는데 예수 그리스도를
나타내신 것은 하나님의 명령을 따라 선지자들의 글로 말미암아

그 신비의 계시를 따라 된 것이며(나타내신 방법), 예수 그리스도를 나타내신 것은 모든 민족으로 믿어 순종하게 하시려고 알게 하셨습니다(나타내신 목적)(롬16:25-26). 또한 하나님은 예수님을 죽은 자 가운데서 사흘 만에 다시 살리셔서 미리 택하신 증인들에게 나타내셨습니다(행10:40-41). 곧 예수님은 성경대로 사흘 만에 다시 살아나셔서 베드로와 열두 제자에게와 그 후에 오백여 형제에게 일시에 보이셨습니다(고전15:4-6). 그리고 예수님은 승천하신 후에 사도 바울에게도 보이셨습니다(고전15:8). 예수님이 사도 바울에게 나타나신 것은 그를 종과 증인으로 삼으려 하심이었습니다(행26:16). 곧 하나님이 그의 아들을 이방인에게 전하기 위하여 그를 바울의 속에 나타내시기를 기뻐하셨습니다(갈1:16). 또한 예수님은 재림하시므로 자기를 바라는 자들에게 두 번째 나타나실 것입니다(히9:28).

요일1:1-2　　　"태초부터 있는 생명의 말씀에 관하여는 우리가 들은 바요 눈으로 본 바요 자세히 보고 우리의 손으로 만진 바라 이 생명이 나타내신 바 된지라 이 영원한 생명을 우리가 보았고 증언하여 너희에게 전하노니 이는 아버지와 함께 계시다가 우리에게 나타내신 바 된 이시니라"

롬16:25-26　　"나의 복음과 예수 그리스도를 전파함은 영세 전부터 감추어졌다가 이제는 나타내신 바 되었으며 영원하신 하나님의 명을 따라 선지자들의 글로 말미암아 모든 민족이 믿어 순종하게 하시려고 알게 하신 바 그 신비의 계시를 따라 된 것이니 이 복음으로 너희를 능히 견고하게 하실 지혜로우신 하나님께 예수 그리스도로 말미암아 영광이 세세무궁하도록 있을지어다 아멘"

행10:40-41   "하나님이 사흘 만에 다시 살리사 나타내시되 모든 백성에게 하신 것이 아니요 오직 미리 택하신 증인 곧 죽은 자 가운데서 부활하신 후 그를 모시고 음식을 먹은 우리에게 하신 것이라"

고전15:4-6   "장사 지낸 바 되셨다가 성경대로 사흘 만에 다시 살아나사 게바에게 보이시고 후에 열두 제자에게와 그 후에 오백여 형제에게 일시에 보이셨나니 그 중에 지금까지 대다수는 살아 있고 어떤 사람은 잠들었으며"

고전15:8   "맨 나중에 만삭되지 못하여 난 자 같은 내게도 보이셨느니라"

행26:16   "일어나 너의 발로 서라 내가 네게 나타난 것은 곧 네가 나를 본 일과 장차 내가 네게 나타날 일에 너로 종과 증인을 삼으려 함이니"

갈1:16   "그의 아들을 이방에 전하기 위하여 그를 내 속에 나타내시기를 기뻐하셨을 때에 내가 곧 혈육과 의논하지 아니하고"

히9:28   "이와 같이 그리스도도 많은 사람의 죄를 담당하시

려고 단번에 드리신 바 되셨고 구원에 이르게 하기
위하여 죄와 상관 없이 자기를 바라는 자들에게 두
번째 나타나시리라"

예수님은 영세 전부터 계시며 감추어졌다가 이제는 나타내신바
되셨음을 알고 믿고 전파하는 우리는 어떻게 해야 할까요?
우리는 하나님이 창세전에 그리스도 안에서 우리를 택하심과(엡
1:4) 하나님이 자기의 뜻과 영원 전부터 그리스도 예수 안에서 우
리에게 주신 은혜대로 우리를 구원하심이 우리 구주 그리스도 예
수님의 나타나심으로 말미암아 나타났음을 알아야 합니다(딤후
1:9-10). 그리고 우리는 예수님이 우리에게 나타나심으로 예수님
의 증인이 되어야 합니다. 예수님이 우리에게 나타나시기 위하여
우리는 예수님을 사랑하므로 그의 계명 곧 말씀을 지켜야 합니다.
이는 우리가 예수님을 사랑하므로 그의 계명을 지키면 예수님이
자기를 우리에게 나타내시기 때문입니다(요14:21). 또한 우리는
모든 은사에 부족함이 없이 주 예수 그리스도의 나타나심을 기다
려야 합니다(고전1:7). 이는 예수님은 자기를 바라는 자들에게 두
번째 나타나실 것이기 때문입니다(히9:28). 그리고 우리는 주 예
수 그리스도께서 나타나실 때까지 흠도 없고 책망 받을 것도 없이
그의 명령을 지켜야 합니다(딤전6:14).

엡1:4   "곧 창세 전에 그리스도 안에서 우리를 택하사 우리
              로 사랑 안에서 그 앞에 거룩하고 흠이 없게 하시려

고"

딤후1:9-10   "하나님이 우리를 구원하사 거룩하신 소명으로 부르심은 우리의 행위대로 하심이 아니요 오직 자기의 뜻과 영원 전부터 그리스도 예수 안에서 우리에게 주신 은혜대로 하심이라 이제는 우리 구주 그리스도 예수의 나타나심으로 말미암아 나타났으니 그는 사망을 폐하시고 복음으로써 생명과 썩지 아니할 것을 드러내신지라"

요14:21   "나의 계명을 지키는 자라야 나를 사랑하는 자니 나를 사랑하는 자는 내 아버지께 사랑을 받을 것이요 나도 그를 사랑하여 그에게 나를 나타내리라"

고전1:7   "너희가 모든 은사에 부족함이 없이 우리 주 예수 그리스도의 나타나심을 기다림이라"

히9:28   "이와 같이 그리스도도 많은 사람의 죄를 담당하시려고 단번에 드리신 바 되셨고 구원에 이르게 하기 위하여 죄와 상관 없이 자기를 바라는 자들에게 두 번째 나타나시리라"

딤전6:14   "우리 주 예수 그리스도께서 나타나실 때까지 흠도 없고 책망 받을 것도 없이 이 명령을 지키라"

우리는 태초에 계신 예수 그리스도를 알고 믿고 전파해야 합니다. 예수 그리스도는 태초에 생명의 말씀으로 하나님과 함께 계신 하나님이시며, 창조자이시며, 생명이시며, 창세전에 아버지와 함께 영화를 누리셨으며, 영세 전부터 감추어졌다가 이제는 나타내신바 되셨습니다. 태초에 계신 예수 그리스도는 창조의 근본이시오, 만유 안에 계시며, 만유의 주가 되시며, 만유의 상속자이십니다. 할렐루야! 아멘.

2. 세상에 오신 예수님

우리는 태초에 계신 예수님을 알고 믿고 전파하며 또한 세상에
오신 예수님을 알고 믿고 전파해야 합니다.

예수님은 태초에 생명의 말씀으로 하나님과 함께 계셨습니다(선
재:pre-existence)(요1:1). 그런데 이 생명의 말씀이신 예수님
이 육신이 되어 이 세상에 오셨습니다(성육신: incarnation)(요
1:14). 예수님이 세상에 오신 것은 하나님 아버지께서 보내셔서
오셨습니다. 곧 예수님은 스스로 세상에 오신 것이 아니요 하나님
아버지께서 보내셔서 세상에 오셨습니다(요8:42). 그리고 예수님
을 보내신 아버지 하나님이 예수님과 함께 계셨습니다(요8:16).
이에 예수님은 자기를 보내신 아버지의 뜻을 행하셨으며(요6:38),
자기를 보내신 아버지로 말미암아 사셨습니다(요6:57).

요1:1	"태초에 말씀이 계시니라 이 말씀이 하나님과 함께 계셨으니 이 말씀은 곧 하나님이시니라"
요1:14	"말씀이 육신이 되어 우리 가운데 거하시매 우리가 그의 영광을 보니 아버지의 독생자의 영광이요 은혜와 진리가 충만하더라"
요8:42	"예수께서 이르시되 하나님이 너희 아버지였으면

너희가 나를 사랑하였으리니 이는 내가 하나님께로
부터 나와서 왔음이라 나는 스스로 온 것이 아니요
아버지께서 나를 보내신 것이니라"

요8:16 "만일 내가 판단하여도 내 판단이 참되니 이는 내가
혼자 있는 것이 아니요 나를 보내신 이가 나와 함께
계심이라"

요6:38 "내가 하늘에서 내려온 것은 내 뜻을 행하려 함이 아
니요 나를 보내신 이의 뜻을 행하려 함이니라"

요6:57 "살아 계신 아버지께서 나를 보내시매 내가 아버지
로 말미암아 사는 것 같이 나를 먹는 그 사람도 나로
말미암아 살리라"

아버지 하나님께서 예수님을 세상에 보내셨으며 그와 함께 계
시므로 세상에 오신 예수님의 교훈은 그를 보내신 아버지 하나님
의 것이며(요7:16), 예수님의 말씀은 그를 보내신 아버지 하나님
의 말씀입니다(요14:24). 이는 예수님을 보내신 아버지 하나님께
서 예수님이 말할 것과 이를 것을 친히 명령하여 주셨기 때문입니
다(요12:49). 이에 예수님은 아버지의 명령이 영생인 줄 아셨고 아
버지께서 그에게 말씀하신 그대로 이르셨습니다(요12:50). 그리
고 하나님 아버지께서 예수님을 보내셨음으로 예수님을 믿는 자
는 그를 보내신 아버지를 믿는 것이며(요12:44), 예수님을 보는 자
는 그를 보내신 아버지를 본 것입니다(요12:45). 또한 예수님을 영
접하는 자는 그를 보내신 아버지를 영접하는 것입니다(요13:20).

요7:16	"예수께서 대답하여 이르시되 내 교훈은 내 것이 아니요 나를 보내신 이의 것이니라"
요14:24	"나를 사랑하지 아니하는 자는 내 말을 지키지 아니하나니 너희가 듣는 말은 내 말이 아니요 나를 보내신 아버지의 말씀이니라"
요12:49	"내가 내 자의로 말한 것이 아니요 나를 보내신 아버지께서 내가 말할 것과 이를 것을 친히 명령하여 주셨으니"
요12:50	"나는 그의 명령이 영생인 줄 아노라 그러므로 내가 이르는 것은 내 아버지께서 내게 말씀하신 그대로니라 하시니라"
요12:44	"예수께서 외쳐 이르시되 나를 믿는 자는 나를 믿는 것이 아니요 나를 보내신 이를 믿는 것이며"
요12:45	"나를 보는 자는 나를 보내신 이를 보는 것이니라"
요13:20	"내가 진실로 진실로 너희에게 이르노니 내가 보낸 자를 영접하는 자는 나를 영접하는 것이요 나를 영접하는 자는 나를 보내신 이를 영접하는 것이니라"

하나님 아버지께서 그 아들 예수님을 세상에 보내시되 여자에게서 나게 하시고 율법 아래에 나게 하셨습니다(갈4:4). 그 이유와 목적은 율법 아래에 있는 자들을 속량하시고 우리로 아들의 명분을 얻게 하려 하심이었습니다(갈4:5). 예수님은 하나님이시면서도 자기를 비워 사람들과 같이 되셔서 사람의 모양으로 세상에 오셨

습니다(빌2:6-8). 예수님은 육신으로는 다윗의 혈통에서 나셨습니다(롬1:3). 곧 예수님은 마리아에게 성령으로 잉태되어 나셨습니다(마1:20). 예수님이 마리아에게 성령으로 잉태되어 나신 것은 그가 구원할 자녀들이 혈과 육에 속하였으매 그도 또한 같은 모양으로 혈과 육을 지니셔서 죽음을 통하여 마귀를 멸하시며 마귀에게 종노릇 하는 모든 자녀들을 놓아 주려 하심입니다(히2:14-16). 그리고 예수님이 성령으로 마리아에게 잉태되어 태어나 세상에 오신 것은 하나님에게서 나신 것입니다. 그래서 예수님은 자신이 하나님 아버지에게서 나셨다고 말씀하셨습니다(요7:28-29). 또한 예수님은 자신이 하늘에서 내려왔다고 말씀하셨습니다(요6:51). 곧 예수님은 하늘에서 나신 것입니다(고전15:47). 예수님이 여자에게서 나신 것은 육신을 입기 위함이요, 예수님이 육신을 입으심은 죽기 위함이요, 예수님이 죽으신 것은 우리의 죄를 속량하기 위함입니다.

갈4:4   "때가 차매 하나님이 그 아들을 보내사 여자에게서 나게 하시고 율법 아래에 나게 하신 것은"

갈4:5   "율법 아래에 있는 자들을 속량하시고 우리로 아들의 명분을 얻게 하려 하심이라"

빌2:6-8   "그는 근본 하나님의 본체시나 하나님과 동등됨을 취할 것으로 여기지 아니하시고 오히려 자기를 비워 종의 형체를 가지사 사람들과 같이 되셨고 사람의 모양으로 나타나사 자기를 낮추시고 죽기까지 복종하셨으니 곧 십자가에 죽으심이라"

롬1:3   "그의 아들에 관하여 말하면 육신으로는 다윗의 혈
            통에서 나셨고"

마1:20   "이 일을 생각할 때에 주의 사자가 현몽하여 이르되
            다윗의 자손 요셉아 네 아내 데려오기를 무서워하지
            말라 그에게 잉태된 자는 성령으로 된 것이라"

히2:14-16   "자녀들은 혈과 육에 속하였으매 그도 또한 같은 모
            양으로 혈과 육을 지니심은 죽음을 통하여 죽음의
            세력을 잡은 자 곧 마귀를 멸하시며 또 죽기를 무서
            워하므로 한평생 매여 종노릇 하는 모든 자들을 놓
            아주려 하심이니 이는 확실히 천사들을 붙들어 주려
            하심이 아니요 오직 아브라함의 자손을 붙들어 주려
            하심이라"

요7:28-29   "예수께서 성전에서 가르치시며 외쳐 이르시되 너
            희가 나를 알고 내가 어디서 온 것도 알거니와 내가
            스스로 온 것이 아니니라 나를 보내신 이는 참되시
            니 너희는 그를 알지 못하나 나는 아노니 이는 내가
            그에게서 났고 그가 나를 보내셨음이라 하시니"

요6:51   "나는 하늘에서 내려온 살아 있는 떡이니 사람이 이
            떡을 먹으면 영생하리라 내가 줄 떡은 곧 세상의 생
            명을 위한 내 살이니라 하시니라"

고전15:47   "첫 사람은 땅에서 났으니 흙에 속한 자이거니와 둘
            째 사람은 하늘에서 나셨느니라"

우리는 하나님 아버지께서 예수님을 이 세상에 보내신 것을 알고 믿어야 합니다(요11:42). 예수님은 세상으로 아버지께서 자기를 보내신 것을 믿게 하시기를 하나님께 기도하셨으며(요17:21), 제자들은 하나님 아버지께서 예수님을 보내신 줄 알았고(요17:25), 믿었습니다(요17:8). 아버지 하나님께서 보내신 예수님을 믿는 것이 하나님의 일입니다(요6:29). 또한 우리는 예수 그리스도께서 육체로 오신 것을 시인해야 합니다(요일4:2-3). 예수 그리스도께서 육체로 오신 것을 시인하지 아니하는 영은 적그리스도의 영입니다.

요11:42   "항상 내 말을 들으시는 줄을 내가 알았나이다 그러나 이 말씀 하옵는 것은 둘러선 무리를 위함이니 곧 아버지께서 나를 보내신 것을 그들로 믿게 하려 함이니이다"

요17:21   "아버지여, 아버지께서 내 안에, 내가 아버지 안에 있는 것 같이 그들도 다 하나가 되어 우리 안에 있게 하사 세상으로 아버지께서 나를 보내신 것을 믿게 하옵소서"

요17:25   "의로우신 아버지여 세상이 아버지를 알지 못하여도 나는 아버지를 알았사옵고 그들도 아버지께서 나를 보내신 줄 알았사옵나이다"

요17:8   "나는 아버지께서 내게 주신 말씀들을 그들에게 주었사오며 그들은 이것을 받고 내가 아버지께로부터

나온 줄을 참으로 아오며 아버지께서 나를 보내신
줄도 믿었사옵나이다"

요6:29   "예수께서 대답하여 이르시되 하나님께서 보내신

이를 믿는 것이 하나님의 일이니라 하시니"

요일4:2-3   "이로써 너희가 하나님의 영을 알지니 곧 예수 그리

스도께서 육체로 오신 것을 시인하는 영마다 하나님

께 속한 것이요 예수를 시인하지 아니하는 영마다

하나님께 속한 것이 아니니 이것이 곧 적그리스도

의 영이니라 오리라 한 말을 너희가 들었거니와 지

금 벌써 세상에 있느니라"

　우리는 세상에 오신 예수님을 알고 믿어야 합니다. 세상에 오
신 예수님은 그리스도시오 살아 계신 하나님의 아들이십니다(마
16:16). 그리고 세상에 오신 예수님은 각 사람에게 비추는 참 빛
이시오(요1:9), 길이요 진리요 생명이시며(요14:6), 생명의 떡이
시오(요6:35), 세상 죄를 지고 가는 하나님의 어린양이시며(요
1:29), 부활과 생명이시오(요11:25-26), 선한 목자이십니다(요
10:14-15).

　또한 우리는 세상에 오신 예수님을 영접해야 합니다. 하나님의
아들 예수님이 이 세상에 오셨으나 세상 사람들은 알지 못하였고
영접하지 않았습니다(요1:10-11). 세상 사람들이 보기에 이 세상
에 오신 예수님은 목수 요셉의 아들이었고 야고보, 요셉, 시몬, 유
다의 형제였습니다(마13:55). 그러나 예수님을 영접하는 자 곧 그

이름을 믿는 자들에게는 하나님의 자녀가 되는 권세를 주셨습니다(요1:12). 하나님의 자녀는 혈통으로나 육정으로나 사람의 뜻으로 나지 아니하고 오직 하나님께로부터 난 자들입니다(요1:13). 그리고 예수님을 영접한 하나님의 자녀인 우리는 예수 그리스도께서 우리 안에 계신 줄을 우리 스스로 알아야 합니다(고후13:5). 그리스도께서 우리 안에 계시면 우리 몸은 죄로 말미암아 죽은 것이나 영은 의로 말미암아 살아 있는 것입니다(롬8:10). 곧 만일 우리 속에 그리스도의 영이 없으면 그리스도의 사람이 아닙니다(롬8:9)

마16:16   "시몬 베드로가 대답하여 이르되 주는 그리스도시오 살아 계신 하나님의 아들이시니이다"

요1:9   "참 빛 곧 세상에 와서 각 사람에게 비추는 빛이 있었나니"

요14:6   "예수께서 이르시되 내가 곧 길이요 진리요 생명이니 나로 말미암지 않고는 아버지께로 올 자가 없느니라"

요6:35   "예수께서 이르시되 나는 생명의 떡이니 내게 오는 자는 결코 주리지 아니할 터이요 나를 믿는 자는 영원히 목마르지 아니하리라"

요1:29   "이튿날 요한이 예수께서 자기에게 나아오심을 보고 이르시되 보라 세상 죄를 지고 가는 하나님의 어린 양이로다"

요11:25-26 "예수께서 이르시되 나는 부활이요 생명이니 나를 믿는 자는 죽어도 살겠고 무릇 살아서 나를 믿는 자는 영원히 죽지 아니하리니 이것을 네가 믿느냐"

요10:14-15   "나는 선한 목자라 나는 내 양을 알고 양도 나를 아는 것이 아버지께서 나를 아시고 내가 아버지를 아는 것 같으니 나는 양을 위하여 목숨을 버리노라"

요1:10-11   "그가 세상에 계셨으며 세상은 그로 말미암아 지은 바 되었으되 세상이 그를 알지 못하였고 자기 땅에 오매 자기 백성이 영접하지 아니하였으나"

마13:55   "이는 그 목수의 아들이 아니냐 그 어머니는 마리아, 그 형제들은 야고보, 요셉, 시몬, 유다라 하지 않느냐"

요1:12   "영접하는 자 곧 그 이름을 믿는 자들에게는 하나님의 자녀가 되는 권세를 주셨으니"

요1:13   "이는 혈통으로나 육정으로나 사람의 뜻으로 나지 아니하고 오직 하나님께로부터 난 자들이니라"

고후13:5   "너희는 믿음 안에 있는가 너희 자신을 시험하고 너희 자신을 확증하라 예수 그리스도께서 너희 안에 계신 줄을 너희가 스스로 알지 못하느냐 그렇지 않으면 너희는 버림 받은 자니라"

롬8:10   "또 그리스도께서 너희 안에 계시면 몸은 죄로 인하여 죽은 것이나 영은 의로 말미암아 살아 있는 것이니라"

롬8:9   "만일 너희 속에 하나님의 영이 거하시면 너희가 육

신에 있지 아니하고 영에 있나니 그리스도의 영이
없으면 그리스도의 사람이 아니라""

예수님은 하나님의 본체시며 하나님과 동등 되시지만 하나님과
동등 됨을 취할 것으로 여기지 아니하시고 오히려 자기를 비어 종
의 형체를 가져 사람들과 같이 되셨습니다. 그리고 예수님은 사람
의 모양으로 세상에 오셨으며 자기를 낮추시고 죽기까지 복종하
셨습니다. 이를 예수 그리스도의 비하의 신분이라고 합니다. 예수
그리스도의 비하에는 두 요소가 있는데 하나는 비움(exinanitio)
으로 신적 위엄을 포기하시고 종의 형체로 인성을 취하신 것을 말
하며, 또 다른 하나는 비하(humiliatio)로 예수님이 사람의 모양
으로 나타나셔서 자기를 낮추시고 죽기까지 복종하신 것을 말합
니다. 곧 그리스도의 낮아지신 것은 그가 비천한 상태에 태어나시
고 율법 아래 있으며, 이 세상의 비참과 하나님의 진노와 십자가의
저주의 죽음을 당하신 것과 매장 되어 얼마 동안 죽음의 권세 아래
남아 있었던 것입니다.(요리문답 27번)

1) 예수님은 아버지 하나님의 뜻을 행하려고 세상에 오셨
습니다.

우리는 예수님은 아버지 하나님의 뜻을 행하려고 세상에 오셨음
을 알고 믿고 전파해야 합니다.
예수님이 하늘로서 세상에 내려오신 것은 자기 뜻을 행하려 함

이 아니었으며, 예수님은 자기를 보내신 아버지의 뜻을 행하시려고 세상에 오셨습니다. 예수님을 보내신 하나님 아버지의 뜻은 예수님을 보고 믿는 자마다 영생을 얻는 것이며, 예수님이 그들 중에 하나라도 잃어버리지 아니하고 마지막 날에 다시 살리는 것입니다(요6:38-39). 세상에 오신 예수님은 하나님 아버지의 뜻을 행하셨습니다. 예수님은 자기를 보내신 아버지의 뜻을 행하며 그의 일을 온전히 이루는 것이 자기의 양식이라고 말씀하셨습니다(요4:34). 그래서 예수님은 그를 보내신 아버지의 뜻을 이루기 위해 아버지로 말미암아 사셨습니다(요6:57). 그리고 예수님은 그를 보내신 아버지의 뜻대로 하셨습니다(요5:30). 또한 예수님은 그를 보내신 아버지의 영광을 구하셨습니다(요7:18). 예수님은 항상 그를 보내신 아버지께서 기뻐하시는 일을 행하셨으며(요8:29), 예수님은 자기를 낮추시고 죽기까지 아버지께 복종하셨습니다(빌2:8).

요6:38-39   "내가 하늘로서 내려온 것은 내 뜻을 행하려 함이 아니요 나를 보내신 이의 뜻을 행하려 함이니라 나를 보내신 이의 뜻은 내게 주신 자 중에 내가 하나도 잃어버리지 아니하고 마지막 날에 다시 살리는 이것이 니라 내 아버지의 뜻은 아들을 보고 믿는 자마다 영생을 얻는 이것이니 마지막 날에 내가 이를 다시 살리라 하시니라"

요4:34   "예수께서 이르시되 나의 양식은 나를 보내신 이의 뜻을 행하며 그의 일을 온전히 이루는 이것이니라"

요6:57	"살아 계신 아버지께서 나를 보내시매 내가 아버지로 말미암아 사는 것 같이 나를 먹는 그 사람도 나로 말미암아 살리라"
요5:30	"내가 아무것도 스스로 할 수 없노라 듣는 대로 심판하노니 나는 나의 뜻대로 하려 하지 않고 나를 보내신 이의 뜻대로 하려 하므로 내 심판은 의로우니라"
요7:18	"스스로 말하는 자는 자기 영광만 구하되 보내신 이의 영광을 구하는 자는 참되니 그 속에 불의가 없느니라"
요8:29	"나를 보내신 이가 나와 함께 하시도다 나는 항상 그가 기뻐하시는 일을 행하므로 나를 혼자 두지 아니하셨느니라"
빌2:8	"사람의 모양으로 나타나사 자기를 낮추시고 죽기까지 복종하셨으니 곧 십자가에 죽으심이라"

예수님은 아버지 하나님의 뜻을 행하려고 세상에 오셨음을 알고 믿고 전파하는 우리는 어떻게 해야 할까요?

우리도 하나님 아버지의 뜻대로 행해야 합니다. 하늘에 계신 아버지의 뜻대로 행하는 자가 천국에 들어갑니다(마7:21). 그러므로 우리는 하나님의 선하시고 기뻐하시고 온전하신 뜻이 무엇인지 분별해야 하며(롬12:2), 우리는 주의 뜻이 무엇인지 이해해야 합니다(엡5:17). 그리고 우리는 사람의 정욕을 따르지 않고 하나님의 뜻을 따라 육체의 남은 때를 살아야 합니다(벧전4:2). 그러면 우리가 하나님의 뜻을 행한 후에 하나님이 약속하신 것을 받습니다(히 10:36). 하나님의 뜻을 행하는 자는 영원히 거합니다(요일2:17).

마7:21	"나더러 주여 주여 하는 자마다 다 천국에 들어갈 것이 아니요 다만 하늘에 계신 내 아버지의 뜻대로 행하는 자라야 들어가리라"
롬12:2	"너희는 이 세대를 본받지 말고 오직 마음을 새롭게 함으로 변화를 받아 하나님의 선하시고 기뻐하시고 온전하신 뜻이 무엇인지 분별하도록 하라"
엡5:17	"그러므로 어리석은 자가 되지 말고 오직 주의 뜻이 무엇인가 이해하라"
벧전4:2	"그 후로는 다시 사람의 정욕을 따르지 않고 하나님의 뜻을 따라 육체의 남은 때를 살게 하려 함이라"
히10:36	"너희에게 인내가 필요함은 너희가 하나님의 뜻을 행한 후에 약속하신 것을 받기 위함이라"
요일2:17	"이 세상도, 그 정욕도 지나가되 오직 하나님의 뜻을 행하는 자는 영원히 거하느니라"

2) 예수님은 죄인을 구원하려고 세상에 오셨습니다.

우리는 예수님은 죄인을 구원하려고 세상에 오셨음을 알고 믿고 전파해야 합니다.

하나님은 세상이 구원을 받게 하려고 그 아들 예수님을 세상에 보내셨으며(요3:17), 예수님께서 죄인을 구원하시려고 세상에 임하셨습니다(딤전1:15). 곧 예수님은 죄인을 불러 회개시키시며(눅5:32), 자기 목숨을 많은 사람의 대속물로 주시고(마20:28), 성도들로 생명을 얻게 하고 더 풍성히 얻게 하려고 세상에 오셨습니다(요10:10). 이에 사도들은 하나님 아버지께서 그 아들을 세상의 구주로 보내신 것을 보았고 증언하였습니다(요일4:14). 그리고 죄인을 구원하려고 세상에 오신 예수님은 죄인들을 구원하셨습니다. 예수님은 받으신 고난으로 순종함을 배워서 온전하게 되어 자기에게 순종하는 모든 자에게 영원한 구원의 근원이 되셨습니다(히5:8-9). 그리고 예수님은 항상 살아서 우리를 위하여 간구하시므로 우리를 온전히 구원하십니다(히7:24-25). 또한 예수님은 우리를 천국에 들어가는 구원에 이르게 하기 위하여 다시 오실 것입니다(히9:28). 예수님이 죄인을 구원하신 구원 곧 하나님이 우리에게 주신 구원은 허물과 죄로 죽은 우리의 영을 살리신 구원이요(요6:63), 우리를 이 세상에서 보호하시고 양육하시는 구원이며(딛2:11-12), 우리를 천국에 들어가게 하시는 구원입니다(딤후4:18).

요3:17   "하나님이 그 아들을 세상에 보내신 것은 세상을 심판하려 하심이 아니요 그로 말미암아 세상이 구원을 받게 하려 하심이라"

딤전1:15   "미쁘다 모든 사람이 받을만한 이 말이여 그리스도 예수께서 죄인을 구원하시려고 세상에 임하셨다 하였도다 죄인 중에 내가 괴수니라”

눅5:32	“내가 의인을 부르러 온 것이 아니요 죄인을 불러 회개시키러 왔노라”
마20:28	“인자가 온 것은 섬김을 받으려 함이 아니라 도리어 섬기려 하고 자기 목숨을 많은 사람의 대속물로 주려 함이니라”
요10:10	“도둑이 오는 것은 도둑질하고 죽이고 멸망시키려는 것뿐이요 내가 온 것은 양으로 생명을 얻게 하고 더 풍성히 얻게 하려는 것이라”
요일4:14	“아버지가 아들을 세상의 구주로 보내신 것을 우리가 보았고 또 증언하노니”
히5:8-9	“그가 아들이시면서도 받으신 고난으로 순종함을 배워서 온전하게 되셨은즉 자기에게 순종하는 모든 자에게 영원한 구원의 근원이 되시고”
히7:24-25	“예수는 영원히 계시므로 그 제사장 직분도 갈리지 아니하느니라 그러므로 자기를 힘입어 하나님께 나아가는 자들을 온전히 구원하실 수 있으니 이는 그가 항상 살아 계셔서 그들을 위하여 간구하심이니라”
히9:28	“이와 같이 그리스도도 많은 사람의 죄를 담당하시려고 단번에 드리신바 되셨고 구원에 이르게 하기 위하여 죄와 상관없이 자기를 바라는 자들에게 두 번째 나타나시리라”

요6:63	"살리는 것은 영이니 육은 무익하니라 내가 너희에게 이른 말은 영이요 생명이라"
딛2:11-12	"모든 사람에게 구원을 주시는 하나님의 은혜가 나타나 우리를 양육하시되 경건하지 않은 것과 이 세상 정욕을 다 버리고 신중함과 의로움과 경건함으로 이 세상에 살고"
딤후4:18	"주께서 나를 모든 악한 일에서 건져내시고 또 그의 천국에 들어가도록 구원하시리니 그에게 영광이 세세무궁토록 있을지어다 아멘"

예수님이 죄인을 구원하시려고 세상에 오셨음을 알고 믿고 전파하는 우리는 어떻게 해야 할까요?

우리는 그리스도 예수께서 죄인을 구원하시려고 세상에 임하셨다는 말씀을 믿고 받아야 합니다(딤전1:15). 그리고 우리는 주 예수의 은혜로 구원 받는 줄을 믿어야 합니다(행15:11). 그래서 우리는 예수님의 은혜에 의하여 믿음으로 말미암아 하나님의 선물인 구원을 받았음을 믿어야 합니다(엡2:8). 곧 우리는 하나님께서 주시는 생명 얻는 회개를 하고(행11:18), 예수님을 마음으로 믿어의에 이르고 입으로 시인하여 구원을 받았음을 믿어야 합니다(롬10:10). 또한 우리는 소망으로 구원을 얻었음을 믿어야 합니다(롬8:24) 그리고 우리는 예수님 외에 다른 이로써는 구원을 받을 수없음을 알아야 합니다(행4:12). 그래서 우리는 우리를 구원하심이 하나님과 예수님께 있음을 찬양하며(계7:10), 영혼을 구원함에 이

르는 믿음을 가지고(히10:39), 진리의 말씀을 듣고 믿어 굳게 지
키며(고전15:2), 항상 복종하여 두렵고 떨림으로 우리 구원을 이
루며(빌2:12), 하나님의 사랑 안에서 자신을 지키며 영생에 이르
도록 예수 그리스도의 긍휼을 기다리고(유1:21), 하늘로부터 구원
하는 자 곧 예수 그리스도를 기다려야 합니다(빌3:20). 그런데 죄
인을 불러 회개시키려고 오신 예수님이 부르신 자는 하나님이 회
개함을 주시므로 회개합니다. 그리고 하나님이 주신 회개를 하면
진리를 알고, 깨어 마귀의 올무에서 벗어나며, 하나님께 사로잡힌
바 되어 하나님의 뜻을 따르게 됩니다(딤후2:25-26). 곧 예수님이
우리의 눈을 뜨게 하여 어둠에서 빛으로, 사탄의 권세에서 하나님
께로 돌아오게 하시고 죄 사함과 예수님을 믿어 거룩하게 된 무리
가운데서 기업을 얻게 하셨습니다(행26:18).

딤전1:15   "미쁘다 모든 사람이 받을만한 이 말이여 그리스도
                  예수께서 죄인을 구원하시려고 세상에 임하셨다 하
                  였도다 죄인 중에 내가 괴수니라"

행15:11   "그러나 우리는 그들이 우리와 동일하게 주 예수의
                  은혜로 구원 받는 줄을 믿노라 하니라"

엡2:8   "너희는 그 은혜에 의하여 믿음으로 말미암아 구원
                  을 받았으니 이것은 너희에게서 난 것이 아니요 하
                  나님의 선물이라"

행11:18   "그들이 이 말을 듣고 잠잠하여 하나님께 영광을 돌
                  려 이르되 그러면 하나님께서 이방인에게도 생명 얻

는 회개를 주셨도다 하니라"

롬10:10　　　"사람이 마음으로 믿어 의에 이르고 입으로 시인하
　　　　　　　여 구원에 이르느니라"

롬8:24　　　"우리가 소망으로 구원을 얻었으매 보이는 소망이
　　　　　　　소망이 아니니 보는 것을 누가 바라리요"

행4:12　　　"다른 이로써는 구원을 받을 수 없나니 천하 사람 중
　　　　　　　에 구원을 받을 만한 다른 이름을 우리에게 주신 일
　　　　　　　이 없음이라 하였도다"

계7:10　　　"큰 소리로 외쳐 이르되 구원하심이 보좌에 앉으신
　　　　　　　우리 하나님과 어린 양에게 있도다 하니"

히10:39　　　"우리는 뒤로 물러가 멸망할 자가 아니요 오직 영혼
　　　　　　　을 구원함에 이르는 믿음을 가진 자니라"

고전15:2　　"너희가 만일 내가 전한 그 말을 굳게 지키고 헛되
　　　　　　　이 믿지 아니하였으면 그로 말미암아 구원을 받으리
　　　　　　　라"

빌2:12　　　"그러므로 나의 사랑하는 자들아 너희가 나 있을 때
　　　　　　　뿐 아니라 더욱 지금 나 없을 때에도 항상 복종하여
　　　　　　　두렵고 떨림으로 너희 구원을 이루라"

유1:21　　　"하나님의 사랑 안에서 자신을 지키며 영생에 이르
　　　　　　　도록 우리 주 예수 그리스도의 긍휼을 기다리라"

빌3:20　　　"그러나 우리의 시민권은 하늘에 있는지라 거기로
　　　　　　　부터 구원하는 자 곧 주 예수 그리스도를 기다리노
　　　　　　　니"

딤후2:25-26   "거역하는 자를 온유함으로 훈계할지니 혹 하나님
              이 그들에게 회개함을 주사 진리를 알게 하실까 하
              며 그들로 깨어 마귀의 올무에서 벗어나 하나님께
              사로잡힌바 되어 그 뜻을 따르게 하실까 함이라"
행26:18   "그 눈을 뜨게 하여 어둠에서 빛으로, 사탄의 권세에
              서 하나님께로 돌아오게 하고 죄 사함과 나를 믿어
              거룩하게 된 무리 가운데서 기업을 얻게 하리라 하
              더이다"

3) 예수님은 율법을 완전하게 하려고 세상에 오셨습니다.

우리는 예수님은 율법을 완전하게 하려고 세상에 오셨음을 알고
믿고 전파해야 합니다.

예수님은 율법을 폐하러 온 것이 아니요 율법을 완전하게 하려
고 세상에 오셨습니다(마5:17). 그리고 세상에 오신 예수님은 모
든 믿는 자에게 의를 이루기 위하여 율법의 마침이 되셨습니다(롬
10:4). 곧 하나님이 예수님을 율법 아래에 나게 하셔서 율법 아래
에 있는 자들을 속량하시고 우리로 아들의 명분을 얻게 하셨으며(
갈4:4-5), 하나님이 예수님을 죄 있는 육신의 모양으로 보내어 육
신에 죄를 정하셔서 그 영을 따라 행하는 우리에게 율법의 요구가
이루어지게 하셨습니다(롬8:3-4). 그리고 예수님은 우리를 위하
여 아브라함의 복이 이방인에게 미치게 하고 우리로 하여금 믿음
으로 말미암아 성령의 약속을 받게 하시려고 저주를 받은바 되셔

서 율법의 저주에서 우리를 속량하셨습니다(갈3:13-14).

마5:17   "내가 율법이나 선지자를 폐하러 온 줄로 생각하지
              말라 폐하러 온 것이 아니요 완전하게 하려 함이로
              라"

롬10:4   "그리스도는 모든 믿는 자에게 의를 이루기 위하여
              율법의 마침이 되시니라"

갈4:4-5   "때가 차매 하나님이 그 아들을 보내사 여자에게서
              나게 하시고 율법 아래에 나게 하신 것은 율법 아래
              에 있는 자들을 속량하시고 우리로 아들의 명분을
              얻게 하려 하심이라"

롬8:3-4   "율법이 육신으로 말미암아 연약하여 할 수 없는 그
              것을 하나님은 하시나니 곧 죄로 말미암아 자기 아
              들을 죄 있는 육신의 모양으로 보내어 육신에 죄를
              정하사 육신을 따르지 않고 그 영을 따라 행하는 우
              리에게 율법의 요구가 이루어지게 하려 하심이니
              라"

갈3:13-14   "그리스도께서 우리를 위하여 저주를 받은 바 되사
              율법의 저주에서 우리를 속량하셨으니 기록된 바 나
              무에 달린 자마다 저주 아래 있는 자라 하였음이라
              이는 그리스도 예수 안에서 아브라함의 복이 이방인
              에게 미치게 하고 또 우리로 하여금 믿음으로 말미
              암아 성령의 약속을 받게 하려 함이라"

예수님이 율법을 완전하게 하려고 세상에 오셨음을 알고 믿고 전파하는 우리는 어떻게 해야 할까요?

우리는 율법의 마침이 되신 예수님께서 우리를 율법에서 벗어나 자유하게 하셨으므로 율법에서 벗어나 자유 해야 합니다. 왜냐하면 우리가 예수님을 믿는 것은 율법을 파기하는 것이 아니라 도리어 율법을 굳게 세우는 것이며(롬3:31), 우리는 그리스도의 몸으로 말미암아 율법에 대하여 죽임을 당하였고(롬7:4), 우리가 얽매였던 것에 대하여 죽었으므로 율법에서 벗어났기 때문입니다(롬7:6). 그러므로 우리는 육신을 따르지 않고 성령님을 따라 행하므로 우리에게 율법의 요구가 이루어지며(롬8:4), 우리는 성령님의 인도하심을 받으므로 율법 아래에 있지 아니해야 합니다(갈5:18). 또한 우리는 남을 사랑하므로 율법을 다 이루어야 하며(롬13:8), 형제를 서로 비방하거나 비판하지 아니하므로 율법을 비방하거나 판단하지 않는 율법의 준행자가 되어야 합니다(약4:11).

롬3:31   "그런즉 우리가 믿음으로 말미암아 율법을 파기하
         느냐 그럴 수 없느니라 도리어 율법을 굳게 세우느
         니라"

롬7:4   "그러므로 내 형제들아 너희도 그리스도의 몸으로
         말미암아 율법에 대하여 죽임을 당하였으니 이는 다
         른 이 곧 죽은 자 가운데서 살아나신 이에게 가서 우
         리가 하나님을 위하여 열매를 맺게 하려 함이라"

롬7:6   "이제는 우리가 얽매였던 것에 대하여 죽었으므로

율법에서 벗어났으니 이러므로 우리가 영의 새로운 것으로 섬길 것이요 율법 조문의 묵은 것으로 아니 할지니라"

롬8:4 "육신을 따르지 않고 그 영을 따라 행하는 우리에게 율법의 요구가 이루어지게 하려 하심이니라"

갈5:18 "너희가 만일 성령의 인도하시는 바가 되면 율법 아래에 있지 아니하리라"

롬13:8 "피차 사랑의 빚 외에는 아무에게든지 아무 빚도 지지 말라 남을 사랑하는 자는 율법을 다 이루었느니라"

약4:11 "형제들아 서로 비방하지 말라 형제를 비방하는 자나 형제를 판단하는 자는 곧 율법을 비방하고 율법을 판단하는 것이라 네가 만일 율법을 판단하면 율법의 준행자가 아니요 재판관이로다"

4) 예수님은 마귀의 일을 멸하려고 세상에 오셨습니다.

우리는 예수님은 마귀의 일을 멸하려고 세상에 오셨음을 알고 믿고 전파해야 합니다.

죄를 짓는 자는 마귀에게 속하며 예수님이 나타나신 것은 마귀의 일을 멸하려 하심입니다(요일3:8). 곧 예수님은 마귀의 일을 멸하려고 세상에 오셨습니다. 예수님은 죽음을 통하여 죽음의 세력을 잡은 자 곧 마귀를 멸하시며 또 죽기를 무서워하므로 마귀에게 한 평생 매여 종노릇하는 모든 자들을 놓아주려고 혈육에 함께 속하셨습니다(히2:14-15). 그래서 세상에 오신 예수님은 마귀의 일을 멸하셨습니다. 예수님은 성령님에게 이끌리어 마귀에게 시험을 받으셨으며(마4:1), 예수님은 시험하는 마귀를 물리치셨으며 마귀는 예수님을 떠났습니다(마4:10-11). 또한 예수님은 성령님을 힘입어 귀신을 쫓아내셨으며 하나님의 나라가 임하였습니다(마12:28). 그리고 예수님은 마귀에게 눌린 모든 자를 고치셨습니다(행10:38). 또한 예수님은 많은 귀신을 내쫓으셨습니다(막1:34). 그리고 예수님은 십자가에 죽으심으로 죽음의 세력을 잡은 자 마귀를 멸하셨으며, 마귀는 결국 불과 유황 못(지옥)에 던져질 것입니다(계20:10).

요일3:8	"죄를 짓는 자는 마귀에게 속하나니 마귀는 처음부터 범죄함이니라 하나님의 아들이 나타나신 것은 마귀의 일을 멸하려 하심이라"
히2:14-15	"자녀들은 혈과 육에 속하였으매 그도 또한 같은 모양으로 혈과 육을 함께 지니심은 죽음을 통하여 죽음의 세력을 잡은 자 곧 마귀를 멸하시며 또 죽기를 무서워하므로 한 평생 매여 종노릇하는 모든 자들을 놓아 주려 하심이니"
마4:1	"그 때에 예수께서 성령에게 이끌리어 마귀에게 시험을 받으러 광야로 가사"
마4:10-11	"이에 예수께서 말씀하시되 사탄아 물러가라 기록되었으되 주 너의 하나님께 경배하고 다만 그를 섬

마12:28	기라 하였느니라 이에 마귀는 예수를 떠나고 천사들이 나아와서 수종드니라"
마12:28	"그러나 내가 하나님의 성령을 힘입어 귀신을 쫓아내는 것이면 하나님의 나라가 이미 너희에게 임하였느니라"
행10:38	"하나님이 나사렛 예수에게 성령과 능력을 기름 붓듯 하셨으매 그가 두루 다니시며 선한 일을 행하시고 마귀에게 눌린 모든 사람을 고치셨으니 이는 하나님이 함께하셨음이라"
막1:34	"예수께서 각종 병이든 많은 사람을 고치시며 많은 귀신을 내쫓으시되 귀신이 자기를 알므로 그 말하는 것을 허락하지 아니하시니라"
계20:10	"또 그들을 미혹하는 마귀가 불과 유황 못에 던져지니 거기는 그 짐승과 거짓 선지자도 있어 세세토록 밤낮 괴로움을 받으리라"

예수님이 마귀의 일을 멸하려고 세상에 오셨음을 알고 믿고 전파하는 우리는 어떻게 해야 할까요?

우리는 근신하고 깨어서 믿음을 굳건하게 하여 우는 사자 같이 두루 다니며 삼킬 자를 찾는 마귀를 대적해야 합니다(벧전5:8-9). 평강의 하나님께서 속히 마귀 곧 사탄을 우리 발아래에서 상하게 하실 것입니다(롬16:20). 그러므로 우리가 마귀를 대적하면 마귀가 우리를 피할 것입니다(약4:7). 또한 우리는 마귀에게 틈을 주지 말아야 하며(엡4:26-27), 마귀의 간계를 능히 대적하기 위하여 하나님의 전신 갑주를 입어야 합니다(엡6:11). 그리고 우리는 사탄 곧 마귀가 자기를 광명의 천사로 가장하는 것을 알아야 하며(고후11:14), 또 사탄에게 속지 않기 위하여 사탄의 계책을 알고 무슨 일에든지 누구든지 그리스도 앞에서 용서해야 합니다(고후2:10-11). 또한 우리는 예수님께서 우리에게 원수 곧 마귀의 모든 능력을 제어할 권능을 주심을 믿으며(눅10:19), 예수님께서 우리에게 모든 귀신을 제어하며 병을 고치는 능력과 권위를 주심을 믿고 귀신을 쫓아내며 병든 자를 고쳐야 합니다(눅9:1-2). 예수님을 믿는 자들에게는 예수님 이름으로 귀신을 쫓아내며 병든 사람에게 손을 얹은즉 낫는 표적이 따릅니다(막16:17-18).

벧전5:8-9   "근신하라 깨어라 너희 대적 마귀가 우는 사자같이 두루 다니며 삼킬 자를 찾나니 너희는 믿음을 굳건하게 하여 그를 대적하라 이는 세상에 있는 너희 형제들도 동일한 고난을 당하는 줄을 앎이라"

롬16:20   "평강의 하나님께서 속히 사탄을 너희 발 아래에서 상하게 하시리라 우리 주 예수의 은혜가 너희에게 있을지어다"

약4:7   "그런즉 너희는 하나님께 복종할지어다 마귀를 대적하라 그리하면 너희를 피하리라"

엡4:26-27   "분을 내어도 죄를 짓지 말며 해가 지도록 분을 품지 말고 마귀에게 틈을 주지 말라"

엡6:11	"마귀의 간계를 능히 대적하기 위하여 하나님의 전신갑주를 입으라"
고후11:14	"이것은 이상한 일이 아니니라 사탄도 자기를 광명의 천사로 가장하나니"
고후2:10-11	"너희가 무슨 일에든지 누구를 용서하면 나도 그리하고 내가 만일 용서한 일이 있으면 용서한 그것은 너희를 위하여 그리스도 앞에서 한 것이니 이는 우리로 사탄에게 속지 않게 하려 함이라 우리는 그 계책을 알지 못하는 바가 아니로라"
눅10:19	"내가 너희에게 뱀과 전갈을 밟으며 원수의 모든 능력을 제어할 권능을 주었으니 너희를 해칠 자가 결코 없으리라"
눅9:1-2	"예수께서 열두 제자를 불러 모으사 모든 귀신을 제어하며 병을 고치는 능력과 권위를 주시고 하나님의 나라를 전파하며 앓는 자를 고치게 하려고 내보내시며"
막16:17-18	"믿는 자들에게는 이런 표적이 따르리니 곧 그들이 내 이름으로 귀신을 쫓아내며 새 방언을 말하며 뱀을 집어 올리며 무슨 독을 마실지라도 해를 받지 아니하며 병든 사람에게 손을 얹은즉 나으리라"

5) 예수님은 복음을 전하려고 세상에 오셨습니다.

우리는 예수님은 복음을 전하려고 세상에 오셨음을 알고 믿고 전파해야 합니다.

　예수님은 하나님의 나라 복음을 전하는 일로 보내심을 입었습니다(눅4:43-44). 곧 예수님은 진리에 대하여 증언하려고 태어나셨으며 세상에 오셨습니다(요18:37). 그리고 세상에 오신 예수님은 복음을 전하셨습니다. 곧 예수님은 전도하셨으며(눅4:44), 예수님은 말하고 판단할 것이 많았으나 하나님께 들은 것을 말씀하셨습니다(요8:26). 그리고 예수님은 아버지께 들은 것을 제자들에게 다 알게 하셨으며(요15:15), 예수님이 이르신 말씀은 아버지께서 그에게 말씀하신 그대로였습니다(요12:50). 예수님은 가르치시며 천국 복음을 전파하시며 모든 병과 모든 약한 것을 고치셨습니다(마4:23).

눅4:43-44	"예수께서 이르시되 내가 다른 동네에서도 하나님의 나라 복음을 전하여야 하리니 나는 이 일로 보내심을 입었노라 하시고 갈릴리 여러 회당에서 전도하시더라"
요18:37	"빌라도가 이르되 그러면 네가 왕이냐 예수께서 대답하시되 네 말과 같이 내가 왕이니라 내가 이를 위하여 태어났으며 이를 위하여 세상에 왔나니 곧 진리에 대하여 증언하려 함이로라 무릇 진리에 속한 자는 내 음성을 듣느니라"
요4:44	"갈릴리 여러 회당에서 전도하시더라"
요8:26	"내가 너희에게 대하여 말하고 판단할 것이 많으나

나를 보내신 이가 참되시매 내가 그에게 들은 그것
을 세상에 말하노라 하시되"

요15:15   "이제부터는 너희를 종이라 하지 아니하리니 종은
주인이 하는 것을 알지 못함이라 너희를 친구라 하
였노니 내가 내 아버지께 들은 것을 다 너희에게 알
게 하였음이라"

요12:50   "나는 그의 명령이 영생인 줄 아노라 그러므로 내가
이르는 것은 내 아버지께서 내게 말씀하신 그대로니
라 하시니라"

마4:23   "예수께서 온 갈릴리에 두루 다니사 그들의 회당에
서 가르치시며 천국 복음을 전파하시며 백성 중의
모든 병과 모든 약한 것을 고치시니"

예수님은 복음을 전하려고 세상에 오셨음을 알고 믿고 전파하는
우리는 어떻게 해야 할까요?

우리는 복음을 전파해야 합니다. 예수님은 우리에게 복음을 전
하라고 명하셨습니다(막16:15). 그리고 성령님이 우리에게 임하
시면 우리가 권능을 받고 땅 끝까지 이르러 예수님의 증인이 됩니
다(행1:8). 그러므로 우리는 예수님이 우리에게 분부한 모든 것을
가르쳐 지키게 해야 하며(마28:19-20), 우리는 항상 힘써서 말씀
을 전파해야 합니다(딤후4:2). 우리는 복음을 위하여 모든 것을 행
하므로 복음에 참여해야 합니다(고전9:23). 곧 우리는 복음을 위
한 일에 참여하며(빌1:5), 그리스도의 복음에 합당하게 생활하고

(빌1:27), 하나님의 능력을 따라 복음과 함께 고난을 받아야 합니다(딤후1:8).

막16:15	"또 이르시되 너희는 온 천하에 다니며 만민에게 복음을 전파하라"
행1:8	"오직 성령이 너희에게 임하시면 너희가 권능을 받고 예루살렘과 온 유대와 사마리아와 땅 끝까지 이르러 내 증인이 되리라 하시니라"
마28:19-20	"그러므로 너희는 가서 모든 민족으로 제자를 삼아 아버지와 아들과 성령의 이름으로 세례를 베풀고 내가 너희에게 분부한 모든 것을 가르쳐 지키게 하라 볼지어다 내가 세상 끝날까지 너희와 항상 함께 있으리라 하시니라"
딤후4:2	"너는 말씀을 전파하라 때를 얻든지 못 얻든지 항상 힘쓰라 범사에 오래 참음과 가르침으로 경책하며 경계하며 권하라
고전9:23	"내가 복음을 위하여 모든 것을 행함은 복음에 참여하고자 함이라"
빌1:5	"너희가 첫날부터 이제까지 복음을 위한 일에 참여하고 있기 때문이라"
빌1:27	"오직 너희는 그리스도의 복음에 합당하게 생활하라 이는 내가 너희에게 가 보나 떠나 있으나 너희가 한마음으로 서서 한 뜻으로 복음의 신앙을 위하여

협력하는 것과"

딤후1:8 "그러므로 너는 내가 우리 주를 증언함과 또는 주를 위하여 갇힌 자 된 나를 부끄러워하지 말고 오직 하나님의 능력을 따라 복음과 함께 고난을 받으라"

  우리는 예수님이 이 세상에 오셔서 하신 일을 알고 믿고 전파해야 합니다. 예수님은 세상에 오셔서 하나님 아버지의 뜻을 행하셨고, 죄인들을 구원하셨으며, 율법을 완전하게 하셨고, 마귀의 일을 멸하셨으며, 복음을 전하셨습니다. 예수님은 세상에 오셔서 가르치시며 전파하시고 고치시는 일(예수님의 3대 사역: teaching, preaching, healing)을 하셨습니다. 그리고 예수님은 일하시되 기도하시면서 일하셨고 성령으로 일하셨습니다. 우리도 예수님이 하신 3대 사역 곧 가르치며 전파하고 고치는 일을 해야 합니다. 그리고 우리도 항상 기도하면서 성령으로 일해야 합니다. 할렐루야! 아멘.

3. 고난을 받으시고 십자가에 죽으신 예수님

우리는 태초에 계신 예수님을 알고 믿고 전파해야 하며, 세상에 오신 예수님을 알고 믿고 전파해야 합니다. 또한 우리는 세상에 오셔서 고난을 받으시고 십자가에 죽으신 예수님을 알고 믿고 전파해야 합니다.

세상에 오신 예수님은 많은 고난을 받으셨습니다. 선지자들은 예수님이 많은 고난을 받고 멸시를 당하실 것을 예언했습니다(막 9:12). 예수님도 자신이 고난을 받고 죽임 당할 것을 아시고 자기가 장로들과 대제사장들과 서기관들에게 많은 고난을 받고 죽임을 당하고 제 삼일에 살아나야 할 것을 제자들에게 나타내셨습니다(마16:21). 그리고 예수님은 고난을 받으셨습니다. 그런데 예수님이 고난을 받으심은 하나님 아버지께서 많은 아들들을 이끌어 영광에 들어가게 하시는 일에 구원의 창시자이신 예수님을 고난으로 말미암아 온전하게 하신 것입니다(히2:10). 곧 예수님은 아들이시면서도 받으신 고난으로 순종함을 배워서 온전하게 되셨음으로 자기에게 순종하는 모든 자에게 영원한 구원의 근원이 되셨습니다(히5:8-9). 그리고 육체의 고난을 받으신 예수님은 우리로 죄를 그치고 정욕을 따르지 않고 하나님의 뜻을 따라 육체의 남은 때를 살게 하셨습니다(벧전4:1). 또한 예수님은 죽음의 고난 받으심을 인하여 영광과 존귀로 관을 쓰셨습니다(히2:9). 그리고 예수님은 시험을 받아 고난을 당하셨음으로 시험 받는 자들을 능히 도우십니다(히2:18).

막9:12	"이르시되 엘리야가 과연 먼저 와서 모든 것을 회복하거니와 어찌 인자에 대하여 기록하기를 많은 고난을 받고 멸시를 당하리라 하였느냐"
마16:21	"이 때로부터 예수 그리스도께서 자기가 예루살렘에 올라가 장로들과 대제사장들과 서기관들에게 많은 고난을 받고 죽임을 당하고 제 삼일에 살아나야 할 것을 제자들에게 비로소 나타내시니"
히2:10	"그러므로 만물이 그를 위하고 또한 그로 말미암은 이가 많은 아들들을 이끌어 영광에 들어가게 하시는 일에 그들의 구원의 창시자를 고난을 통하여 온전하게 하심이 합당하도다"
히5:8-9	"그가 아들이시면서도 받으신 고난으로 순종함을 배워서 온전하게 되셨은즉 자기에게 순종하는 모든 자에게 영원한 구원의 근원이 되시고"
벧전4:1-2	"그리스도께서 이미 육체의 고난을 받으셨으니 너희도 같은 마음으로 갑옷을 삼으라 이는 육체의 고난을 받은 자는 죄를 그쳤음이니 그 후로는 다시 사람의 정욕을 따르지 않고 하나님의 뜻을 따라 육체의 남은 때를 살게 하려 함이라"

히2:9 "오직 우리가 천사들보다 잠시 동안 못하게 하심을
입은 자 곧 죽음의 고난 받으심으로 말미암아 영광
과 존귀로 관 쓰신 예수를 보니 이를 행하심은 하나
님의 은혜로 말미암아 모든 사람을 위하여 죽음을
맛보려 하심이라"

히2:18 "그가 시험을 받아 고난을 당하셨은즉 시험 받는 자
들을 능히 도우실 수 있느니라"

　　예수님은 고난을 받으시되 죽음의 고난을 받으셨습니다(히2:9).
예수님은 자신이 어떠한 죽음으로 곧 십자가에 달려 죽을 것을 아
셨으며(요12:32-33), 예수님은 제자들에게 대제사장들과 서기관
들이 자기를 이방인에게 넘겨주어 십자가에 못 박게 하리라고 말
씀하셨습니다(마20:18-19). 그런데 예수님의 십자가에 죽으심이
하나님 편에서는 하나님이 우리 모든 사람을 위하여 자기 아들을
내어 주신 것이며(롬8:32), 유대인 편에서는 유대인들이 예수님을
죽인 것이며(행5:30), 예수님 편에서는 예수님이 우리를 위하여
죽으신 것입니다(살전5:10). 예수님은 목숨을 빼앗긴 것이 아니
라 스스로 버리셨습니다(요10:17-18). 곧 예수님이 우리를 위하
여 죽으신 것이요 버림을 받으신 것이요 저주를 받으신 것입니다.

히2:9 "오직 우리가 천사들보다 잠시 동안 못하게 하심을
입은 자 곧 죽음의 고난 받으심으로 말미암아 영광
과 존귀로 관 쓰신 예수를 보니 이를 행하심은 하나

님의 은혜로 말미암아 모든 사람을 위하여 죽음을 맛보려 하심이라"

요12:32-33	"내가 땅에서 들리면 모든 사람을 내게로 이끌겠노라 하시니 이렇게 말씀하심은 자기가 어떠한 죽음으로 죽을 것을 보이심이러라"
마20:18-19	"보라 우리가 예루살렘으로 올라가노니 인자가 대제사장들과 서기관들에게 넘겨지매 그들이 죽이기로 결의하고 이방인들에게 넘겨주어 그를 조롱하며 채찍질하며 십자가에 못 박게 할 것이나 제삼일에 살아나리라"
롬8:32	"자기 아들을 아끼지 아니하시고 우리 모든 사람을 위하여 내주신 이가 어찌 그 아들과 함께 모든 것을 우리에게 주시지 아니하겠느냐"
행5:30	"너희가 나무에 달아 죽인 예수를 우리 조상의 하나님이 살리시고"
살전5:10	"예수께서 우리를 위하여 죽으사 우리로 하여금 깨어 있든지 자든지 자기와 함께 살게 하려 하셨느니라"
요10:17-18	"내가 내 목숨을 버리는 것은 그것을 내가 다시 얻기 위함이니 이로 말미암아 아버지께서 나를 사랑하시느니라 이를 내게서 빼앗는 자가 있는 것이 아니라 내가 스스로 버리노라 나는 버릴 권세도 있고 다시 얻을 권세도 있으니 이 계명은 내 아버지에게서 받

1) 예수님은 우리 때문에 그리고 우리를 위하여 고난을 받으셨습니다.

우리는 예수님이 우리 때문에 그리고 우리를 위하여 고난 받으셨음을 알고 믿고 전파해야 합니다.

예수님은 세상에 오셔서 많은 고난을 받으셨는데 왜 고난을 받으셨을까요? 예수님은 우리 때문에 그리고 우리를 위하여 고난을 받으셨습니다. 하나님 아버지께서 우리 무리의 죄악을 예수님에게 담당시키셨습니다(사53:6). 곧 예수님이 우리의 질고를 지고 우리의 슬픔을 당하셨습니다(사53:4). 예수님이 찔림은 우리의 허물 때문이요 예수님이 상함은 우리의 죄악 때문입니다(사53:5). 곧 예수님은 마땅히 형벌 받을 우리의 허물을 인하여 곤욕과 심문을 당하고 끌려가셨으며 십자가에 못 박혀 죽으셨습니다(사53:8).

예수님은 모든 사람을 위하여 죽음을 맛보려고 죽음의 고난을 받으셨습니다(히2:9). 그리고 예수님은 자기 피로서 자기 백성을 거룩하게 하려고 죽음의 고난을 받으셨습니다(히13:12). 또한 예수님은 우리를 위하여 고난을 받으사 우리에게 본을 끼쳐 그 자취를 따라 오게 하려고 고난을 받으셨습니다(벧전2:21).

사53:6　　　　　"우리는 다 양 같아서 그릇 행하여 각기 제 길로 갔
　　　　　　　　거늘 여호와께서는 우리 모두의 죄악을 그에게 담당

시키셨도다"

| 사53:4 | "그는 실로 우리의 질고를 지고 우리의 슬픔을 당하였거늘 우리는 생각하기를 그는 징벌을 받아 하나님께 맞으며 고난을 당한다 하였노라" |

사53:4   "그는 실로 우리의 질고를 지고 우리의 슬픔을 당하였거늘 우리는 생각하기를 그는 징벌을 받아 하나님께 맞으며 고난을 당한다 하였노라"

사53:5   "그가 찔림은 우리의 허물 때문이요 그가 상함은 우리의 죄악 때문이라 그가 징계를 받으므로 우리는 평화를 누리고 그가 채찍에 맞으므로 우리는 나음을 받았도다"

사53:8   "그는 곤욕과 심문을 당하고 끌려갔으나 그 세대 중에 누가 생각하기를 그가 살아 있는 자들의 땅에서 끊어짐은 마땅히 형벌 받을 내 백성의 허물 때문이라 하였으리요"

히2:9   "오직 우리가 천사들보다 잠시 동안 못하게 하심을 입은 자 곧 죽음의 고난 받으심으로 말미암아 영광과 존귀로 관 쓰신 예수를 보니 이를 행하심은 하나님의 은혜로 말미암아 모든 사람을 위하여 죽음을 맛보려 하심이라"

히13:12   "그러므로 예수도 자기 피로써 백성을 거룩하게 하려고 성문 밖에서 고난을 받으셨느니라"

벧전2:21   "이를 위하여 너희가 부르심을 받았으니 그리스도도 너희를 위하여 고난을 받으사 너희에게 본을 끼쳐 그 자취를 따라오게 하려 하셨느니라"

예수님이 우리 때문에 그리고 우리를 위하여 고난을 받으셨음을 알고 믿고 전파하는 우리는 어떻게 해야 할까요?

우리는 그리스도의 죽으심을 본받아 죽은 자 가운데서 부활에 이르려 하므로 그 고난에 참여함을 알아야 합니다(빌3:10-11). 그리고 우리는 이미 육체의 고난을 받으신 그리스도와 같은 마음으로 그 고난에 참여해야 합니다(벧전4:1). 우리가 하나님께 빛을 받으면 고난의 큰 싸움을 견디어 냅니다(히10:32). 그리고 그리스도의 고난이 우리에게 넘치면 우리가 받는 위로도 그리스도로 말미암아 넘칩니다(고후1:5). 그러므로 우리는 예수님의 거룩하게 하심을 입어 예수님의 고난의 자취를 따라가야 합니다. 우리는 하나님의 자녀 곧 그리스도와 함께 한 하나님의 상속자로 그리스도와 함께 영광을 받기 위하여 고난도 함께 받아야 합니다(롬8:17). 또한 우리는 고난으로 말미암아 주의 말씀을 배워야 하며(시119:71), 주의 말씀을 지켜야 합니다(시119:67).

빌3:10-11   "내가 그리스도와 그 부활의 권능과 그 고난에 참여함을 알고자 하여 그의 죽으심을 본받아 어떻게 해서든지 죽은 자 가운데서 부활에 이르려 하노니"

벧전4:1   "그리스도께서 이미 육체의 고난을 받으셨으니 너희도 같은 마음으로 갑옷을 삼으라 이는 육체의 고난을 받은 자는 죄를 그쳤음이니"

히10:32   "전날에 너희가 빛을 받은 후에 고난의 큰 싸움을 견디어 낸 것을 생각하라"

고후1:5	"그리스도의 고난이 우리에게 넘친 것 같이 우리가 받는 위로도 그리스도로 말미암아 넘치는도다"
롬8:17	"자녀이면 또한 상속자 곧 하나님의 상속자요 그리스도와 함께 한 상속자니 우리가 그와 함께 영광을 받기 위하여 고난도 함께 받아야 할 것이니라"
시119:71	"고난 당한 것이 내게 유익이라 이로 말미암아 내가 주의 율례들을 배우게 되었나이다"
시119:67	"고난 당하기 전에는 내가 그릇 행하였더니 이제는 주의 말씀을 지키나이다"

2) 예수님이 십자가에 죽으심은 하나님이 우리를 위하여 자기 아들 예수님을 내주신 것입니다.

우리는 예수님이 십자가에 죽으심은 하나님이 우리를 위하여 자기 아들 예수님을 내주신 것임을 알고 믿고 전파해야 합니다.

하나님이 자기 아들을 아끼지 아니하시고 우리 모든 사람을 위하여 내주셨습니다(롬8:32). 하나님이 독생자 예수님을 주신 것은 모든 사람을 사랑하셔서 예수님을 믿는 자마다 멸망하지 않고 영생을 얻게 하려 하심입니다(요3:16). 그러므로 예수님이 십자가에 죽으심은 사랑을 의미합니다. 그리고 하나님이 우리를 위하여 아들을 내주신 것은 우리를 위하여 아들을 버리신 것입니다. 그래서 예수님은 십자가에 달리셨을 때 "엘리 엘리 라마 사박다니(나의 하나님, 나의 하나님 어찌하여 나를 버리셨나이까)"라고 크게 소리

질러 말씀하셨습니다(마27:46).

롬8:32	"자기 아들을 아끼지 아니하시고 우리 모든 사람을 위하여 내주신 이가 어찌 그 아들과 함께 모든 것을 우리에게 주시지 아니하겠느냐"
요3:16	"하나님이 세상을 이처럼 사랑하사 독생자를 주셨으니 이는 그를 믿는 자마다 멸망하지 않고 영생을 얻게 하려 하심이라"
마27:46	"제 구시쯤에 예수께서 크게 소리 질러 이르시되 엘리 엘리 라마 사박다니 하시니 이는 곧 나의 하나님, 나의 하나님, 어찌하여 나를 버리셨나이까 하는 뜻이라"

예수님이 십자가에 죽으심은 하나님이 우리를 위하여 자기 아들 예수님을 내주신 것임을 알고 믿고 전파하는 우리는 어떻게 해야 할까요?

하나님이 우리를 위하여 자기 아들 예수님을 내주신 것은 우리를 사랑하시기 때문입니다. 그러므로 우리는 예수님이 십자가에 죽으심을 통해 우리를 사랑하신 하나님의 사랑을 알아야 합니다. 하나님은 우리를 사랑하셔서 우리 죄를 속하시고 우리를 구원하시기 위하여 예수님을 내주셨습니다. 우리가 하나님을 사랑한 것이 아니요 하나님이 우리를 사랑하사 우리 죄를 속하기 위하여 화목제물로 그 아들을 보내셨습니다(요일4:10). 그리고 우리가 아직 죄인 되었을 때에 그리스도께서 우리를 위하여 죽으심으로 하나님께서 우리에 대한 자기의 사랑을 확증하셨습니다(롬5:8). 이렇게 하나님이 먼저 우리를 사랑하셨음으로 우리도 하나님을 사랑해야 합니다(요일4:19). 또한 하나님의 사랑이 성령으로 말미암아 우리 마음에 부은 바가 됩니다(롬5:5). 그래서 우리는 모든 일에 우리를 사랑하시는 하나님으로 말미암아 넉넉히 이겨야 합니다(롬8:37). 그리고 어떤 자나 어떤 것도 우리를 우리 주 그리스도 예수님 안에 있는 하나님의 사랑에서 끊을 수 없음을 알아야 합니다(롬8:38-39).

요일4:10	"사랑은 여기 있으니 우리가 하나님을 사랑한 것이 아니요 하나님이 우리를 사랑하사 우리 죄를 속하기 위하여 화목제물로 그 아들을 보내셨음이라"
롬5:8	"우리가 아직 죄인 되었을 때에 그리스도께서 우리를 위하여 죽으심으로 하나님께서 우리에 대한 자기의 사랑을 확증하셨느니라"
요일4:19	"우리가 사랑함은 그가 먼저 우리를 사랑하셨음이라"
롬5:5	"소망이 우리를 부끄럽게 하지 아니함은 우리에게 주신 성령으로 말미암아 하나님의 사랑이 우리 마음에 부은 바 됨이니"
롬8:37	"그러나 이 모든 일에 우리를 사랑하시는 이로 말미암아 우리가 넉넉히 이기느니라"
롬8:38-39	"내가 확신하노니 사망이나 생명이나 천사들이나 권세자들이나 현재 일이나 장래 일이나 능력이나 깊

3) 예수님이 십자가에 죽으심은 예수님이 우리를 위하여 자
신을 하나님께 드리신 것입니다.

우리는 예수님이 십자가에 죽으심은 예수님이 우리를 위하여 자
신을 하나님께 드리신 것임을 알고 믿고 전파해야 합니다.

예수님은 우리 죄를 담당하시려고 성령으로 자기를 희생제물로
하나님께 단번에 드리셨습니다. 예수님은 자기를 단번에 제물로
하나님께 드려 죄를 없이 하시려고 세상 끝에 나타나셨습니다(히
9:26). 그리고 예수님은 많은 사람의 죄를 담당하시려고 단번에
하나님께 드리신바 되셨습니다(히9:28). 곧 예수님은 우리를 위하
여 자신을 버리사 향기로운 제물과 희생제물로 하나님께 드리셨
습니다(엡5:2). 예수님은 우리 죄를 위하여 한 영원한 제사를 드리
시고 하나님 우편에 앉으셨습니다(히10:12). 이렇게 예수님이 자
신을 하나님께 드리신 것은 십자가에 죽기까지 하나님 아버지께
복종하신 것입니다(빌2:8). 그러므로 예수님이 십자가에 죽으심은
복종(순종)을 의미합니다. 그리고 예수님이 순종하심으로 많은 사
람이 의인이 됩니다(롬5:19).

히9:26   "그리하면 그가 세상을 창조한 때부터 자주 고난을

받았어야 할 것이로되 이제 자기를 단번에 제물로 드려 죄를 없이 하시려고 세상 끝에 나타나셨느니라"

히9:28   "이와 같이 그리스도도 많은 사람의 죄를 담당하시려고 단번에 드리신바 되셨고 구원에 이르게 하기 위하여 죄와 상관없이 자기를 바라는 자들에게 두 번째 나타나시리라"

엡5:2   "그리스도께서 너희를 사랑하신 것같이 너희도 사랑 가운데서 행하라 그는 우리를 위하여 자신을 버리사 향기로운 제물과 희생제물로 하나님께 드리셨느니라"

히10:12   "오직 그리스도는 죄를 위하여 한 영원한 제사를 드리시고 하나님 우편에 앉으사"

빌2:8   "사람의 모양으로 나타나사 자기를 낮추시고 죽기까지 복종하셨으니 곧 십자가에 죽으심이라"

롬5:19   "한 사람이 순종하지 아니함으로 많은 사람이 죄인 된 것 같이 한 사람이 순종하심으로 많은 사람이 의인이 되리라"

예수님이 우리를 위하여 자신을 하나님께 드리심으로 우리는 어떻게 되었는가요? 또한 예수님이 십자가에 죽으심은 예수님이 우리를 위하여 자신을 하나님께 드리신 것임을 알고 믿고 전파하는 우리는 어떻게 해야 할까요?

예수 그리스도께서 우리 죄를 위하여 그 몸을 단번에 드리심으로 말미암아 우리가 거룩함을 얻었습니다(히10:10). 곧 영원하신 성령으로 말미암아 흠 없는 자기를 하나님께 드린 그리스도의 피가 우리 양심을 죽은 행실에서 깨끗하게 하고 살아 계신 하나님을 섬기게 합니다(히9:14). 예수님의 피가 우리를 모든 죄에서 깨끗하게 하시며(요일1:7), 예수님은 우리에게 지혜와 의로움과 거룩함과 구원함이 되셨습니다(고전1:30). 그러므로 우리는 거룩하고 빛 가운데 행하므로 예수 그리스도의 피로 죄에서 깨끗하게 되고 살아 계신 하나님을 섬겨야 합니다. 또한 예수님은 우리를 피로 사서 하나님께 드리시고 우리를 하나님 앞에서 나라와 제사장들로 삼으셨습니다(계5:9-10). 그러므로 우리는 하나님이 기쁘게 받으실 신령한 제사를 드릴 거룩한 제사장이 되어야 합니다(벧전2:5). 곧 우리 몸을 하나님이 기뻐하시는 산 제물로 드려야 합니다(롬12:1). 그리고 우리는 죄가 우리 죽을 몸을 지배하지 못하게 하여 몸의 사욕에 순종하지 말고 우리 몸을 의의 무기로 하나님께 드려야 합니다(롬6:12-13).

히10:10   "이 뜻을 따라 예수 그리스도의 몸을 단번에 드리심으로 말미암아 우리가 거룩함을 얻었노라"

히9:14   "하물며 영원한 성령으로 말미암아 흠 없는 자기를 하나님께 드린 그리스도의 피가 어찌 너희 양심을 죽은 행실에서 깨끗하게 하고 살아 계신 하나님을 섬기게 하지 못하겠느냐"

요일1:7   "그가 빛 가운데 계신 것 같이 우리도 빛 가운데 행하면 우리가 서로 사귐이 있고 그 아들 예수의 피가 우리를 모든 죄에서 깨끗하게 하실 것이요"

고전1:30   "너희는 하나님으로부터 나서 그리스도 예수 안에 있고 예수는 하나님으로부터 나와서 우리에게 지혜와 의로움과 거룩함과 구원함이 되셨으니"

계5:9-10   "그들이 새 노래를 불러 이르되 두루마리를 가지시고 그 인봉을 떼기에 합당하시도다 일찍이 죽임을 당하사 각 족속과 방언과 백성과 나라 가운데에서 사람들을 피로 사서 하나님께 드리시고 그들로 하나님 앞에서 나라와 제사장들을 삼으셨으니 그들이 땅에서 왕 노릇 하리로다 하더라"

벧전2:5   "너희도 산 돌같이 신령한 집으로 세워지고 예수 그리스도로 말미암아 하나님이 기쁘게 받으실 신령한 제사를 드릴 거룩한 제사장이 될지니라"

롬12:1   "그러므로 형제들아 내가 하나님의 모든 자비하심으로 너희를 권하노니 너희 몸을 하나님이 기뻐하시는 거룩한 산 제물로 드리라 이는 너희가 드릴 영적 예배니라"

롬6:12-13   "그러므로 너희는 죄가 너희 죽을 몸을 지배하지 못하게 하여 몸의 사욕에 순종하지 말고 또한 너희 지체를 불의의 무기로 죄에게 내주지 말고 오직 너희 자신을 죽은 자 가운데서 다시 살아난 자 같이 하나님께 드리며 너희 지체를 의의 무기로 하나님께 드리라"

우리는 예수님이 십자가에 죽으심은 우리를 위하여, 우리를 대신하여 죽으신 것임을 알고 믿고 전파해야 합니다.

예수님이 십자가에 죽으심은 유대인 편에서는 유대인들이 예수님을 죽인 것입니다(행3:14-15). 그러나 예수님이 십자가에 죽으심은 예수님 편에서는 예수님이 우리를 위하여, 우리를 대신하여 죽으신 것입니다. 예수님은 목숨을 빼앗긴 것이 아니라 스스로 버리셨습니다(요10:17-18). 예수님은 죄인인 우리를 위하여 죽으셨습니다(롬5:8). 곧 예수님이 우리를 대신하여 죽으셨습니다. 예수님은 경건하지 않은 불의한 모든 사람을 대신해 죽으셨으며(벧전3:18), 예수님이 모든 사람을 대신하여 죽으셨음으로 모든 사람이 죽은 것입니다(고후5:14). 곧 예수님이 우리를 대신하여 죽으셨음으로 우리가 죽은 것입니다. 그리고 우리가 예수님과 함께 죽었으면 또한 예수님과 함께 살 것입니다(딤후2:11).

행3:14-15   "너희가 거룩하고 의로운 이를 거부하고 도리어 살
               인한 사람을 놓아 주기를 구하여 생명의 주를 죽였
               도다 그러나 하나님이 죽은 자 가운데서 그를 살리
               셨으니 우리가 이 일에 증인이라"

요10:17-18   "내가 내 목숨을 버리는 것은 그것을 내가 다시 얻기
               위함이니 이로 말미암아 아버지께서 나를 사랑하시

느니라 이를 내게서 빼앗는 자가 있는 것이 아니라 내가 스스로 버리노라 나는 버릴 권세도 있고 다시 얻을 권세도 있으니 이 계명은 내 아버지에게서 받았노라 하시니라"

롬5:8 "우리가 아직 죄인 되었을 때에 그리스도께서 우리를 위하여 죽으심으로 하나님께서 우리에 대한 자기의 사랑을 확증하셨느니라"

벧전3:18 "그리스도께서도 한 번 죄를 위하여 죽으사 의인으로써 불의한 자를 대신하셨으니 이는 우리를 하나님 앞으로 인도하려 하심이라 육체로는 죽임을 당하시고 영으로는 살리심을 받으셨으니"

고후5:14 "그리스도의 사랑이 우리를 강권하시는도다 우리가 생각하건대 한 사람이 모든 사람을 대신하여 죽었은즉 모든 사람이 죽은 것이라"

딤후2:11 "미쁘다 이 말이여 우리가 주와 함께 죽었으면 또한 함께 살 것이요"

예수님은 우리에게 무엇을 하시려고 우리를 위하여, 우리를 대신하여 십자가에 죽으셨을까요?

예수님은 우리를 모든 불법에서 속량하시고 우리를 깨끗하게 하셔서 선한 일을 열심히 하는 자기 백성이 되게 하려고 우리를 대신하여 죽으셨습니다(딛2:14). 그리고 예수님은 우리의 주가 되시려고 우리를 대신하여 죽으셨습니다(롬14:9). 또한 예수님은 우리로 예수님을 위하여 살도록 하기 위해 우리를 대신하여 죽으셨습니다(고후5:15). 그리고 예수님은 율법의 저주에서 우리를 속량하시고 우리로 복을 받고 성령님의 약속을 받게 하려고 우리를 대신하여 죽으셨습니다(갈3:13-14).

딛2:14 "그가 우리를 대신하여 자신을 주심은 모든 불법에서 우리를 속량하시고 우리를 깨끗하게 하사 선한 일을 열심히 하는 자기 백성이 되게 하려 하심이라"

롬14:9 "이를 위하여 그리스도께서 죽었다가 다시 살아나셨으니 곧 죽은 자와 산 자의 주가 되려 하심이라"

고후5:15 "그가 모든 사람을 대신하여 죽으심은 산 자들로 하여금 다시는 저희를 위하여 살지 않고 오직 저희를 대신하여 죽었다가 다시 사신 자를 위하여 살게 하려 함이니라"

갈3:13-14 "그리스도께서 우리를 위하여 저주를 받은바 되사 율법의 저주에서 우리를 속량하셨으니 기록된 바 나무에 달린 자마다 저주 아래 있는 자라 하였음이라 이는 그리스도 예수 안에서 아브라함의 복이 이방인에게 미치게 하고 또 우리로 하여금 믿음으로 말미암아 성령의 약속을 받게 하려 함이라"

예수님이 십자가에 죽으심은 우리를 위하여, 우리를 대신하여 죽으신 것임을 알고 믿고 전파하는 우리는 어떻게 해야 할까요?

우리는 그리스도 예수님 안에서 그의 은혜의 풍성함을 따라 그의 피로 말미암아 속량 곧 죄 사함을 받았습니다(엡1:7). 그리고 우리는 그리스도 예수님 안에서 선한 일을 위하여 지으심을 받은 자들입니다(엡2:10). 그러므로 우리는 선한 일을 열심히 해야 합니다. 선한 일을 행한 자는 생명의 부활을 하고 악한 일을 행한 자는 심판의 부활을 할 것입니다(요5:29). 또한 우리는 예수님을 주로 삼아야 합니다. 곧 우리 마음에 그리스도를 주로 삼아 거룩하게 해야 합니다(벧전3:15). 그런데 누구든지 성령님으로 아니하고는 예수님을 주시라 할 수 없습니다(고전12:3). 그리고 우리는 예수님을 위해 살아야 합니다. 그리스도인은 예수님의 것이며 살아도 예수님을 위해 살고 죽어도 예수님을 위해 죽습니다(롬14:7-8). 우리가 그리스도와 함께 십자가에 못 박혔으며 이제는 내가 사는 것이 아니요 오직 우리 안에 그리스도께서 사신 것이며, 우리가 이제 육체 가운데 사는 것은 우리를 사랑하사 우리를 위하여 자기 자신을 버리신 하나님의 아들 예수 그리스도를 위하여 사는 것이어야 합니다(갈2:20).

엡1:7   "우리는 그리스도 안에서 그의 은혜의 풍성함을 따라
              그의 피로 말미암아 속량 곧 죄 사함을 받았느니라"

엡2:10   "우리는 그가 만드신 바라 그리스도 예수 안에서 선
              한 일을 위하여 지으심을 받은 자니 이 일은 하나님
              이 전에 예비하사 우리로 그 가운데서 행하게 하려
              하심이니라"

요5:29	"선한 일을 행한 자는 생명의 부활로, 악한 일을 행한 자는 심판의 부활로 나오리라"
벧전3:15	"너희 마음에 그리스도를 주로 삼아 거룩하게 하고 너희 속에 있는 소망에 관한 이유를 묻는 자에게는 대답할 것을 항상 준비하되 온유와 두려움으로 하고"
고전12:3	"그러므로 내가 너희에게 알리노니 하나님의 영으로 말하는 자는 누구든지 예수를 저주할 자라 하지 아니하고 또 성령으로 아니하고는 누구든지 예수를 주시라 할 수 없느니라"
롬14:7-8	"우리 중에 누구든지 자기를 위하여 사는 자가 없고 자기를 위하여 죽는 자도 없도다 우리가 살아도 주를 위하여 살고 죽어도 주를 위하여 죽나니 그런즉 사나 죽으나 우리가 주의 것이로다"
갈2:20	"내가 그리스도와 함께 십자가에 못 박혔나니 그런즉 이제는 내가 사는 것이 아니요 오직 내 안에 그리스도께서 사시는 것이라 이제 내가 육체 가운데 사는 것은 나를 사랑하사 나를 위하여 자기 자신을 버리신 하나님의 아들을 믿는 믿음 안에서 사는 것이라"

5) 예수님이 십자가에 죽으심은 예수님이 우리를 위하여 저주를 받으신 것입니다.

우리는 예수님이 십자가에 죽으심은 예수님이 우리를 위하여 저주를 받으신 것임을 알고 믿고 전파해야 합니다.

십자가는 본래 사형 틀이었습니다. 헬라인들과 로마인들은 십자가를 사형 도구로 사용하였습니다. 그리고 이스라엘 백성은 사람이 만일 죽을 죄를 범하면 그를 죽여 나무 위에 달았습니다. 그런데 나무에 달린 자는 하나님께 저주를 받은 것이었습니다. 그래서 시체를 나무 위에 밤새도록 두지 않고 그 날에 장사해야 했습니다(신21:22-23). 이와 같이 예수님이 십자가에 못 박히신 것은 부끄러운 일이었습니다. 그런데 예수님은 우리를 위하여 십자가를 참으시고 부끄러움을 개의치 아니하셨습니다(히12:2). 또한 예수님이 십자가에 못 박히신 것은 하나님께 버림을 받으신 것입니다. 그래서 예수님은 십자가에서 하나님께 버림받은 것을 탄식하셨습니다(막15:34). 예수님은 우리를 위하여 십자가에 죽으심으로 저주를 받으셔서 율법의 저주에서 우리를 속량하셨습니다(갈3:13).

신21:22-23   "사람이 만일 죽을 죄를 범하므로 네가 그를 죽여 나무 위에 달거든 그 시체를 나무 위에 밤새도록 두지 말고 그 날에 장사하여 네 하나님 여호와께서 네게 기업으로 주시는 땅을 더럽히지 말라 나무에 달린 자는 하나님께 저주를 받았음이라"

히12:2   "믿음의 주요 또 온전하게 하시는 이인 예수를 바라보자 그는 그 앞에 있는 기쁨을 위하여 십자가를 참으사 부끄러움을 개의치 아니하시더니 하나님 보좌 우편에 앉으셨느니라"

막15:34
"제구시에 예수께서 크게 소리 지르시되 엘리 엘리 라마 사박다니 하시니 이를 번역하면 나의 하나님, 나의 하나님 어찌하여 나를 버리셨나이까 하는 뜻이 라"

갈3:13
"그리스도께서 우리를 위하여 저주를 받은 바 되사 율법의 저주에서 우리를 속량하셨으니 기록된 바 나무에 달린 자마다 저주 아래 있는 자라 하였음이라"

예수님이 십자가에 죽으심은 예수님이 우리를 위하여 저주를 받으신 것임을 알고 믿고 전파하는 우리는 어떻게 해야 할까요?

예수님이 우리를 위하여 십자가에 죽으심으로 저주를 받은바 되셔서 우리를 율법의 저주에서 속량하셨습니다. 그리고 율법의 저주에서 속량을 받은 우리는 아브라함의 복을 받고 믿음으로 성령의 약속을 받습니다(갈3:14). 믿음으로 말미암은 자는 믿음이 있는 아브라함과 함께 복을 받습니다(갈3:9). 그러므로 우리는 예수님이 우리를 위하여 십자가에 죽으심으로 저주를 받으셨음으로 우리가 율법의 저주에서 속량되었음을 믿어야 하고 아브라함의 복을 받고 성령의 약속을 받아야 합니다. 그리고 하나님이 주신 아브라함의 복을 받은 우리는 우리를 저주하는 자들을 위하여 축복해야 합니다(눅6:28). 또한 우리는 예수님을 변함없이 사랑해야 합니다(엡6:24). 누구든지 예수님을 사랑하지 아니하면 저주를 받습니다(고전16:22).

갈3:14	"이는 그리스도 예수 안에서 아브라함의 복이 이방인에게 미치게 하고 또 우리로 하여금 믿음으로 말미암아 성령의 약속을 받게 하려 함이라"
갈3:9	"그러므로 믿음으로 말미암은 자는 믿음이 있는 아브라함과 함께 복을 받느니라"
눅6:28	"너희를 저주하는 자를 위하여 축복하며 너희를 모욕하는 자를 위하여 기도하라"
엡6:24	"우리 주 예수 그리스도를 변함없이 사랑하는 모든 자에게 은혜가 있을지어다"
고전16:22	"만일 누구든지 주를 사랑하지 아니하면 저주를 받을지어다 우리 주여 오시옵소서"

6) 예수님이 십자가에 죽으심은 예수님이 우리를 위하여 피를 흘리신 것입니다.

우리는 예수님이 십자가에 죽으심은 예수님이 우리를 위하여 피를 흘리신 것임을 알고 믿고 전파해야 합니다.

하나님 아버지께서는 예수 그리스도의 피 뿌림을 얻도록 우리를 택하셨으며(벧전1:2), 예수님을 그의 피로 인하여 믿음으로 말미암은 화목제물로 세우셨습니다(롬3:25). 왜냐하면 피 흘림이 없이는 죄 사함이 없기 때문입니다(히9:22). 그래서 예수님은 자기 피로 영원한 속죄를 이루시고 단번에 성소에 들어가셨습니다(히9:12). 곧 예수님은 자기 피로써 백성을 거룩하게 하려고 십자가에 못 박혀 죽으셨습니다(히13:12). 그리고 예수님은 우리를 사랑하사 그의 피로 우리 죄에서 우리를 해방하시고(계1:5), 예수님은 죽임을 당하셔서 만민 가운데서 사람들을 피로 사서 하나님께 드리셨습니다(계5:9). 그래서 우리가 그리스도의 피로 구속 곧 죄 사함을 받았으며(엡1:7), 우리가 그리스도의 피를 인하여 의롭다 하심을 얻었고(롬5:9), 우리가 예수님의 피를 힘입어 성소에 들어갈 담력을 얻었습니다(히10:19).

벧전1:2	"곧 하나님 아버지의 미리 아심을 따라 성령이 거룩하게 하심으로 순종함과 예수 그리스도의 피 뿌림을 얻기 위하여 택하심을 받은 자들에게 편지하노니 은혜와 평강이 너희에게 더욱 많을지어다"
롬3:25	"이 예수를 하나님이 그의 피로써 믿음으로 말미암는 화목제물로 세우셨으니 이는 하나님께서 길이 참으시는 중에 전에 지은 죄를 간과하심으로 자기의 의로우심을 나타내려 하심이니"
히9:22	"율법을 따라 거의 모든 물건이 피로써 정결하게 되나니 피흘림이 없은즉 사함이 없느니라"
히9:12	"염소와 송아지의 피로 하지 아니하고 오직 자기 피로 영원한 속죄를 이루사 단번에 성소에 들어가셨느니라"
히13:12	"그러므로 예수도 자기 피로써 백성을 거룩하게 하려고 성문 밖에서 고난을 받으셨느니라"

계1:5	"또 충성된 증인으로 죽은 자들 가운데에서 먼저 나시고 땅의 임금들의 머리가 되신 예수 그리스도로 말미암아 은혜와 평강이 너희에게 있기를 원하노라 우리를 사랑하사 그의 피로 우리 죄에서 우리를 해방하시고"
계5:9	"그들이 새 노래를 불러 이르되 두루마리를 가지시고 그 인봉을 떼기에 합당하시도다 일찍이 죽임을 당하사 각 족속과 방언과 백성과 나라 가운데에서 사람들을 피로 사서 하나님께 드리시고"
엡1:7	"우리는 그리스도 안에서 그의 은혜의 풍성함을 따라 그의 피로 말미암아 속량 곧 죄 사함을 받았느니라"
롬5:9	"그러면 이제 우리가 그의 피로 말미암아 의롭다 하심을 받았으니 더욱 그로 말미암아 진노하심에서 구원을 받을 것이니"
히10:19	"그러므로 형제들아 우리가 예수의 피를 힘입어 성소에 들어갈 담력을 얻었나니"

예수님이 십자가에 죽으심은 예수님이 우리를 위하여 피 흘리신 것임을 알고 믿고 전파하는 우리는 어떻게 해야 할까요?

우리는 예수 그리스도의 피를 우리의 모든 죄에서 우리를 거룩하게 한 정한 피로 여겨야 합니다. 만일 우리가 우리를 거룩하게 한 언약의 피를 부정한 것으로 여기면 무거운 형벌을 받을 것입니다(히10:29). 그리고 우리는 그리스도의 피로 죄 사함 받았음을 믿고 성찬예식을 통해 그리스도의 피와 몸에 참여해야 합니다(고전10:16). 곧 우리는 예수 그리스도의 살을 먹고 예수 그리스도의 피를 마시는 자로 영생을 가진 자여야 하고(요6:54), 예수님 안에 거하는 자여야 합니다(요6:56). 또한 우리는 예수님의 피에 우리의 행실을 씻어 깨끗하게 하고(계7:14), 죽기까지 우리의 생명을 아끼지 아니하므로 예수 그리스도의 피와 우리가 증언하는 말씀으로 마귀를 이겨야 합니다(계12:11).

히10:29	"하물며 하나님의 아들을 짓밟고 자기를 거룩하게 한 언약의 피를 부정한 것으로 여기고 은혜의 성령을 욕되게 하는 자가 당연히 받을 형벌이 얼마나 더 무겁겠느냐 너희는 생각하라"
고전10:16	"우리가 축복하는 바 축복의 잔은 그리스도의 피에 참여함이 아니며 우리가 떼는 떡은 그리스도의 몸에 참여함이 아니냐"
요6:54	"내 살을 먹고 내 피를 마시는 자는 영생을 가졌고 마지막 날에 내가 그를 다시 살리리니"
요6:56	"내 살을 먹고 내 피를 마시는 자는 내 안에 거하고 나도 그의 안에 거하나니"
계7:14	"내가 말하기를 내 주여 당신이 아시나이다 하니 그가 나에게 이르되 이는 큰 환난에서 나오는 자들인데 어린 양의 피에 그 옷을 씻어 희게 하였느니라"
계12:11	"또 우리 형제들이 어린 양의 피와 자기들이 증언하

는 말씀으로써 그를 이겼으니 그들은 죽기까지 자기의 생명을 아끼지 아니하였도다"

7) 예수님이 십자가에 죽으심은 예수님이 우리의 죄를 대속하신 것입니다.

우리는 예수님이 십자가에 죽으심은 예수님이 우리의 죄를 대속하신 것임을 알고 믿고 전파해야 합니다.

속죄(贖罪)는 '재물을 대고 죄를 면하는 일'이란 뜻으로 범죄 한 자가 범죄에 대한 만족할 만한 배상이나 대가를 지불함으로써 죄에서 해방되고 구원 얻는 것을 말합니다. 그리고 대속(代贖)이란 '값을 지불하고 죄와 형벌에서 구원함'이란 뜻으로 범죄 한 자가 죄에서 해방되고 구원 얻도록 대신하여 배상이나 대가를 지불하는 것을 말합니다. 로마제국 시대에 대속은 포로나 노예를 되돌려 받기 위하여 지불하는 대가를 의미했습니다.

예수님은 십자가에 죽으심으로 많은 사람의 대속물이 되셨으며 속죄 사역을 완성하셨습니다. 그러므로 예수님이 십자가에 죽으심은 모든 사람을 위한 대속을 의미합니다. 예수님이 우리를 위하여 자기를 대속물로 주셨습니다. 곧 예수님께서 이 세상에 오신 것은 자기 목숨을 많은 사람의 대속물로 주려 하심이었으며(마 20:28), 예수님은 모든 사람을 위하여 자기를 대속물로 주셨습니다(딤전2:6). 예수님은 하나님 아버지의 뜻을 따라 이 악한 세대에서 우리를 건지시려고 우리 죄를 대속하기 위하여 자기 몸을 주셨습니다(갈1:4). 그러므로 우리가 헛된 행실 곧 죄악에서 대속함을 받은 것은 오직 흠 없고 점 없는 어린 양 같은 그리스도의 보배로운 피로 된 것입니다(벧전1:18-19).

그리고 예수님이 우리의 죄를 대속하신 것은 하나님이 예수님을 우리를 대신하여 속죄 제물로 삼으신 것입니다. 하나님은 우리로 하여금 그리스도 안에서 의가 되게 하시려고 죄를 알지도 못한 그리스도를 우리를 대신하여 죄로 삼으셨습니다(고후5:21). 곧 하나님은 우리 무리의 죄를 예수님에게 담당시키셨으며(사53:6), 예수님은 성경대로 우리 죄를 위하여 죽으셨습니다(고전15:3). 그러므로 예수님이 죽으심은 죄에 대하여 단번에 죽으심이요 그가 살아 계심은 하나님께 대하여 살아 계심입니다(롬6:10).

마20:28	"인자가 온 것은 섬김을 받으려 함이 아니라 도리어 섬기려 하고 자기 목숨을 많은 사람의 대속물로 주려 함이니라"
딤전2:6	"그가 모든 사람을 위하여 자기를 대속물로 주셨으니 기약이 이르러 주신 증거니라"
갈1:4	"그리스도께서 하나님 곧 우리 아버지의 뜻을 따라 이 악한 세대에서 우리를 건지시려고 우리 죄를 대속하기 위하여 자기 몸을 주셨으니"
벧전1:18-19	"너희가 알거니와 너희 조상이 물려 준 헛된 행실에서 대속함을 받은 것은 은이나 금같이 없어질 것으로 된 것이 아니요 오직 흠 없고 점 없는 어린 양 같

	은 그리스도의 보배로운 피로 된 것이니라"
고후5:21	"하나님이 죄를 알지도 못하신 이를 우리를 대신하여 죄로 삼으신 것은 우리로 하여금 그 안에서 하나님의 의가 되게 하려 하심이라"
사53:6	"우리는 다 양 같아서 그릇 행하여 각기 제 길로 갔거늘 여호와께서는 우리 모두의 죄악을 그에게 담당시키셨도다"
고전15:3	"내가 받은 것을 먼저 너희에게 전하였노니 이는 성경대로 그리스도께서 우리 죄를 위하여 죽으시고"
롬6:10	"그가 죽으심은 죄에 대하여 단번에 죽으심이요 그가 살아 계심은 하나님께 대하여 살아 계심이니"

예수님이 십자가에 죽으심은 예수님이 우리의 죄를 대속하신 것임을 알고 믿고 전파하는 우리는 어떻게 해야 할까요?

우리도 우리 자신을 죄에 대하여는 죽은 자요 그리스도 예수 안에서 하나님께 대하여는 살아 있는 자로 여겨야 합니다(롬6:11). 예수님이 우리로 죄에 대하여 죽고 의에 대하여 살게 하려고 친히 나무에 달려 그 몸으로 우리 죄를 담당하셨습니다(벧전2:24). 그러므로 우리는 죄에 대하여 죽고 의에 대하여 살아야 합니다. 그리스도 예수님의 사람들은 육체와 함께 그 정욕과 탐심을 십자가에 못 박았습니다(갈5:24). 그리고 우리의 옛 사람이 예수님과 함께 십자가에 못 박힌 것은 죄의 몸이 죽어 다시는 우리가 죄에게 종노릇 하지 아니하려 함입니다(롬6:6). 또한 죄에 대하여 죽은 우리가 죄 가운데 더 살 수 없습니다(롬6:2). 그러므로 우리는 우리 지체를 불의의 무기로 죄에게 내주지 말고 오직 우리 자신을 죽은 자 가운데서 다시 살아난 자 같이 하나님께 드리며 우리 지체를 의의 무기로 하나님께 드려야 합니다(롬6:13). 또한 그리스도로 말미암아 세상이 나에 대하여 십자가에 못 박히고 내가 또한 세상에 대하여 못 박혀야 합니다(갈6:14). 그래서 우리는 세상이나 세상에 있는 것들을 사랑하지 말아야 합니다(요일2:15). 이는 세상에 있는 모든 것이 육신의 정욕과 안목의 정욕과 이생의 자랑이기 때문입니다(요일2:16). 그러므로 우리는 이 패역한 세대에서 구원을 받아야 합니다(행2:40).

롬6:11	"이와 같이 너희도 너희 자신을 죄에 대하여는 죽은 자요 그리스도 예수 안에서 하나님께 대하여는 살아 있는 자로 여길지어다"
벧전2:24	"친히 나무에 달려 그 몸으로 우리 죄를 담당하셨으니 이는 우리로 죄에 대하여 죽고 의에 대하여 살게 하려 하심이라 그가 채찍에 맞음으로 나음을 얻었나니"
갈5:24	"그리스도 예수의 사람들은 육체와 함께 그 정욕과 탐심을 십자가에 못 박았느니라"
롬6:6	"우리가 알거니와 우리의 옛 사람이 예수와 함께 십자가에 못 박힌 것은 죄의 몸이 죽어 다시는 우리가 죄에게 종 노릇 하지 아니하려 함이니"
롬6:2	"그럴 수 없느니라 죄에 대하여 죽은 우리가 어찌 그

가운데 더 살리요"

롬6:13 "또한 너희 지체를 불의의 무기로 죄에게 내주지 말
고 오직 너희 자신을 죽은 자 가운데서 다시 살아난
자 같이 하나님께 드리며 너희 지체를 의의 무기로
하나님께 드리라"

갈6:14 "그러나 내게는 우리 주 예수 그리스도의 십자가 외
에 결코 자랑할 것이 없으니 그리스도로 말미암아
세상이 나를 대하여 십자가에 못 박히고 내가 또한
세상을 대하여 그러하니라"

요일2:15 "이 세상이나 세상에 있는 것들을 사랑하지 말라 누
구든지 세상을 사랑하면 아버지의 사랑이 그 안에
있지 아니하니"

요일2:16 "이는 세상에 있는 모든 것이 육신의 정욕과 안목의
정욕과 이생의 자랑이니 다 아버지께로부터 온 것이
아니요 세상으로부터 온 것이라"

행2:40 "또 여러 말로 확증하며 권하여 이르되 너희가 이 패
역한 세대에서 구원을 받으라 하니"

8) 예수님이 십자가에 죽으심은 예수님이 우리의 연약함을
담당하시고 우리의 병을 짊어지신 것입니다.

우리는 예수님이 십자가에 죽으심은 예수님이 우리의 연약함
을 담당하시고 우리의 병을 짊어지신 것임을 알고 믿고 전파해

야 합니다.

하나님은 선지자 이사야를 통하여 예수님께서 우리의 질고를 지고 우리의 슬픔을 당하셨다고 말씀하셨습니다(사53:4). 곧 하나님은 선지자 이사야를 통하여 예수님께서 우리의 연약한 것을 친히 담당하시고 병을 짊어지셨다고 말씀하셨으며 예수님은 이 말씀을 이루시기 위하여 말씀으로 귀신들을 쫓아내시고 병든 자들을 다 고치셨습니다(마8:16-17). 그러므로 예수님의 십자가는 치유를 의미합니다. 하나님은 우리의 모든 죄악을 사하시며 우리의 모든 병을 고치십니다(시103:3). 그리고 예수님이 채찍에 맞으므로 우리는 나음을 받았습니다(사53:5). 또한 예수님은 열두 제자들에게 더러운 귀신을 쫓아내며 모든 병과 모든 약한 것을 고치는 권능을 주셨고(마10:1), 그들을 내보내시면서 명하여 이르시되 "가면서 전파하여 말하되 천국이 가까이 왔다 하고 병든 자를 고치며 죽은 자를 살리며 나병환자를 깨끗하게 하며 귀신을 쫓아내되 너희가 거저 받았으니 거저 주라"고 하셨습니다(마10:7-8). 이에 제자들이 나가 각 마을에 두루 다니며 곳곳에 복음을 전하며 병을 고쳤습니다(눅9:6).

사53:4   "그는 실로 우리의 질고를 지고 우리의 슬픔을 당하였거늘 우리는 생각하기를 그는 징벌을 받아 하나님께 맞으며 고난을 당한다 하였노라"

마8:16-17   "저물매 사람들이 귀신 들린 자를 많이 데리고 예수께 오거늘 예수께서 말씀으로 귀신들을 쫓아 내시고 병든 자들을 다 고치시니 이는 선지자 이사야를 통하여 하신 말씀에 우리의 연약한 것을 친히 담당하시고 병을 짊어지셨도다 함을 이루려 하심이더라"

시103:3 "그가 네 모든 죄악을 사하시며 네 모든 병을 고치시며"

사53:5 "그가 찔림은 우리의 허물 때문이요 그가 상함은 우리의 죄악 때문이라 그가 징계를 받으므로 우리는 평화를 누리고 그가 채찍에 맞으므로 우리는 나음을 받았도다"

마10:1 "예수께서 그의 열두 제자를 부르사 더러운 귀신을 쫓아내며 모든 병과 모든 약한 것을 고치는 권능을 주시니라"

마10:7-8 "가면서 전파하며 말하되 천국이 가까이 왔다 하고 병든 자를 고치며 죽은 자를 살리며 나병환자를 깨끗하게 하며 귀신을 쫓아내되 너희가 거저 받았으니 거저 주라"

눅9:6 "제자들이 나가 각 마을에 두루 다니며 곳곳에 복음을 전하며 병을 고치더라"

예수님이 십자가에 죽으심은 예수님이 우리의 연약함을 담당하시고 우리의 병을 짊어지신 것임을 알고 믿고 전파하는 우리는 어떻게 해야 할까요?

우리는 예수님께서 우리의 연약한 것을 친히 담당하시고 우리의 병을 짊어지셨으므로 병을 고침 받아야 합니다. 우리는 우리 중에 병든 자가 있으면 그를 위하여 기도해야 하며(약5:14), 우리 죄를 서로 고백하며 병이 낫기를 위하여 서로 기도해야 합니다(약5:16). 우리의 믿음의 기도는 병든 자를 구원하는데 주님께서 그를 일으키실 것입니다(약5:15). 또한 우리는 예수님이 주시는 귀신을 쫓아내며 모든 병과 모든 약한 것을 고치는 권능을 받고(마10:1), 그리고 병을 고치는 성령의 은사를 받아서(고전12:9) 귀신을 쫓아내며 병든 자를 고쳐야 합니다(눅10:9). 믿는 자들에게는 예수님의 이름으로 귀신을 쫓아내며 병든 사람에게 손을 얹으면 낫는 표적이 따릅니다(막16:17).

약5:14	"너희 중에 병든 자가 있느냐 그는 교회의 장로들을 청할 것이요 그들은 주의 이름으로 기름을 바르며 그를 위하여 기도할지니라"
약5:16	"그러므로 너희 죄를 서로 고백하며 병이 낫기를 위하여 서로 기도하라 의인의 간구는 역사하는 힘이 큼이니라"
약5:15	"믿음의 기도는 병든 자를 구원하리니 주께서 그를 일으키시리라 혹시 죄를 범하였을지라도 사하심을 받으리라"
마10:1	"예수께서 그의 열두 제자를 부르사 더러운 귀신을 쫓아내며 모든 병과 모든 약한 것을 고치는 권능을 주시니라"

고전12:9	"다른 사람에게는 같은 성령으로 믿음을, 어떤 사람에게는 한 성령으로 병 고치는 은사를"
눅10:9	"거기 있는 병자들을 고치고 또 말하기를 하나님의 나라가 너희에게 가까이 왔다 하라"
막16:17-18	"믿는 자들에게는 이런 표적이 따르리니 곧 그들이 내 이름으로 귀신을 쫓아내며 새 방언을 말하며 뱀을 집어올리며 무슨 독을 마실지라도 해를 받지 아니하며 병든 사람에게 손을 얹은즉 나으리라 하시더라"

9) 예수님이 십자가에 죽으심은 예수님이 승리하신 것입니다.

우리는 예수님이 십자가에 죽으심은 예수님이 승리하신 것임을 알고 믿고 전파해야 합니다.

예수님은 만주의 주시오 만왕의 왕이시므로 그를 대적하는 자들을 이기십니다(계17:14). 예수님은 마귀의 일을 멸하려고 세상에 오셨습니다(요일3:8). 곧 예수님이 사람들과 같은 모양으로 혈과 육을 함께 지니심은 죽음을 통하여 죽음의 세력을 잡은 자 곧 마귀를 멸하시며 또 죽기를 무서워하므로 마귀의 종노릇하는 모든 자들을 놓아주려 하심이었습니다(히2:14-15). 그리고 예수님은 십자가에 죽으심으로 마귀를 멸하셨으며 마귀의 종노릇을 하는 모든 자들을 놓아주셨습니다. 하나님은 범죄와 육체의 무할례로 죽었던 우리를 그리스도와 함께 살리시고, 우리의 모든 죄를 사하시고, 우리를 거스르고 불리하게 하는 법조문으로 쓴 증서 곧 율법을 지우시고 제하여 버리사 십자가에 못 박으시고, 통치자들과 권세들을 무력화하여 드러내어 구경거리로 삼으시고 십자가로 그들을 이기셨습니다(골2:13-15). 그러므로 예수님이 십자가에 죽으심은 승리를 의미합니다. 또한 예수님은 세상을 이기셨습니다(요16:33).

계17:14   "그들이 어린 양과 더불어 싸우려니와 어린 양은 만주의 주시오 만왕의 왕이시므로 그들을 이기실 터이요 또 그와 함께 있는 자들 곧 부르심을 받고 택하심을 받은 진실한 자들도 이기리로다"

요일3:8   "죄를 짓는 자는 마귀에게 속하나니 마귀는 처음부터 범죄함이라 하나님의 아들이 나타나신 것은 마귀의 일을 멸하려 하심이라"

히2:14-15 "자녀들은 혈과 육에 속하였으매 그도 또한 같은 모양으로 혈과 육을 함께 지니심은 죽음을 통하여 죽음의 세력을 잡은 자 곧 마귀를 멸하시며 또 죽기를 무서워하므로 한 평생 매여 종노릇하는 모든 자들을 놓아 주려 하심이니"

골2:13-15 "또 범죄와 육체의 무할례로 죽었던 너희를 하나님이 그와 함께 살리시고 우리의 모든 죄를 사하시고 우리를 거스르고 불리하게 하는 법조문으로 쓴 증서를 지우시고 제하여 버리사 십자가에 못 박으시고 통치자들과 권세들을 무력화하여 드러내어 구경거

요16:33   "이것을 너희에게 이르는 것은 너희로 내 안에서 평
안을 누리게 하려 함이라 세상에서는 너희가 환난을
당하나 담대하라 내가 세상을 이기었노라"

    예수님이 십자가에 죽으심은 예수님이 승리하신 것임을 알고 믿고 전파하는 우리는 어떻게 해야 할까요?

    우리도 승리해야 합니다. 하나님이 예수 그리스도로 말미암아 우리에게 승리를 주십니다. 하나님은 항상 우리를 그리스도 예수 안에서 이기게 하십니다(고후2:14). 그래서 우리는 모든 일에 우리를 사랑하시는 예수 그리스도로 말미암아 넉넉히 이깁니다(롬 8:37). 우리는 세상을 이겨야 합니다. 세상을 이기는 승리는 우리의 믿음이며(요일5:4), 예수님께서 하나님의 아들이심을 믿는 자는 세상을 이깁니다(요일5:5). 그리고 우리는 악한 자 마귀를 이겨야 합니다. 우리는 주 안에서 강하고 하나님의 말씀이 우리 안에 거하시며 흉악한 자를 이깁니다(요일2:14). 그러므로 우리는 악에게 지지 말고 선으로 악을 이겨야 합니다(롬12:21). 또한 우리는 마귀에게 속한 자들을 이겨야 합니다. 예수님과 함께 있는 자들 곧 부르심을 받고 택하심을 받은 진실한 자들은 마귀에게 속한 자들을 이깁니다(계17:14).

고후2:14   "항상 우리를 그리스도 안에서 이기게 하시고 우리
로 말미암아 각처에서 그리스도를 아는 냄새를 나타

내시는 하나님께 감사하노라"

롬8:37	"그러나 이 모든 일에 우리를 사랑하시는 이로 말미암아 우리가 넉넉히 이기느니라"
요일5:4	"무릇 하나님께로부터 난 자마다 세상을 이기느니라 세상을 이기는 승리는 이것이니 우리의 믿음이니라"
요일5:5	"예수께서 하나님의 아들이심을 믿는 자가 아니면 세상을 이기는 자가 누구냐"
요일2:14	"아이들아 내가 너희에게 쓴 것은 너희가 아버지를 알았음이요 아비들아 내가 너희에게 쓴 것은 너희가 태초부터 계신 이를 알았음이요 청년들아 내가 너희에게 쓴 것은 너희가 강하고 하나님의 말씀이 너희 안에 거하시며 너희가 흉악한 자를 이기었음이라"
롬12:21	"악에게 지지 말고 선으로 악을 이기라"
계17:14	"그들이 어린 양과 더불어 싸우려니와 어린 양은 만주의 주시오 만왕의 왕이시므로 그들을 이기실 터이요 또 그와 함께 있는 자들 곧 부르심을 받고 택하심을 받은 진실한 자들도 이기리로다"

　　예수님께서 십자가에 죽으심으로 십자가는 기독교의 상징이며 사랑과 죄 용서의 상징이 되었습니다. 그리스도의 십자가는 우리를 죄에서 구속하여 준 구원의 십자가이며, 사탄에게서 해방을 가져다 준 승리의 십자가입니다. 그래서 십자가의 도가 멸망하는 자들에게는 미련한 것이지만 구원을 받는 우리에게는 하나님의 능력

입니다(고전1:18). 예수님의 십자가의 죽으심은 우리에게 구원이요, 치유요, 거룩함이요, 사랑이요, 화목이요, 순종이요, 승리입니다. 그러나 여러 사람들이 그리스도의 십자가의 원수로 행합니다(빌3:18). 그리고 그리스도의 십자가의 원수로 행하는 자들의 마침은 멸망이요, 그들의 신은 배요, 그 영광은 그들의 부끄러움에 있고 땅의 일을 생각하는 자입니다(빌3:19). 그러므로 우리는 그리스도의 십자가가 헛되지 않게 해야 합니다(고전1:17). 우리가 그리스도의 십자가가 헛되지 않게 하려면 복음을 전할 때 말의 지혜로 하지 아니해야 합니다. 곧 우리의 말과 전도함이 설득력 있는 지혜의 말로 하지 아니하고 다만 성령의 나타나심과 능력으로 하여 믿음이 사람의 지혜에 있지 아니하고 다만 하나님의 능력에 있게 해야 합니다(고전2:4-5). 그리고 우리는 예수 그리스도의 십자가를 자랑하며(갈6:14), 십자가에 못 박힌 그리스도를 전해야 합니다(고전1:23).

고전1:18	"십자가의 도가 멸망하는 자들에게는 미련한 것이요 구원을 받는 우리에게는 하나님의 능력이라"
빌3:18	"내가 여러 번 너희에게 말하였거니와 이제도 눈물을 흘리며 말하노니 여러 사람들이 그리스도의 십자가의 원수로 행하느니라"
빌3:19	"그들의 마침은 멸망이요 그들의 신은 배요 그 영광은 그들의 부끄러움에 있고 땅의 일을 생각하는 자라"
고전1:17	"그리스도께서 나를 보내심은 세례를 베풀게 하려

하심이 아니요 오직 복음을 전하게 하려 하심이로되 말의 지혜로 하지 아니함은 그리스도의 십자가가 헛되지 않게 하려 함이라"

고전2:4-5 "내 말과 내 전도함이 설득력 있는 지혜의 말로 하지 아니하고 다만 성령의 나타나심과 능력으로 하여 너희 믿음이 사람의 지혜에 있지 아니하고 다만 하나님의 능력에 있게 하려 하였노라"

갈6:14 "그러나 내게는 우리 주 예수 그리스도의 십자가 외에 결코 자랑할 것이 없으니 그리스도로 말미암아 세상이 나를 대하여 십자가에 못 박히고 내가 또한 세상을 대하여 그러하니라"

고전1:23 "우리는 십자가에 못 박힌 그리스도를 전하니 유대인에게는 거리끼는 것이요 이방인에게는 미련한 것이로되"

우리는 세상에 오셔서 고난을 받으시고 십자가에 죽으신 예수님을 알고 믿고 전파해야 합니다. 예수님은 우리 때문에 그리고 우리를 위하여 고난을 받으셨습니다. 또한 예수님은 십자가에 죽기까지 고난을 받으셨는데 예수님이 십자가에 죽으심은 하나님이 우리를 위하여 자기 아들을 내주신 것이며, 예수님이 우리를 위하여 자신을 하나님께 드리신 것입니다. 또한 예수님이 십자가에 죽으심은 예수님이 우리를 위하여, 우리를 대신하여 죽으신 것이며, 예수님이 우리를 위하여 저주를 받으신 것입니다. 그리고 예수님이 십자가에 죽으심은 예수님이 우리를 위하여 피를 흘리신 것이며, 예수님이 우리의 죄를 대속하신 것입니다. 또한 예수님이 십자가에 죽으심은 예수님이 우리의 연약함을 담당하시고 우리의 병을 짊어지신 것이며, 예수님이 승리하신 것입니다. 할렐루야! 아멘.

4. 부활하시고 승천하신 예수님

　우리는 태초에 계신 예수님을 알고 믿고 전파해야 하며, 세상에 오신 예수님을 알고 믿고 전파해야 하고, 고난을 받으시고 십자가에 죽으신 예수님을 알고 믿고 전파해야 합니다. 또한 우리는 부활하시고 승천하셔서 하나님 아버지 우편에 계신 예수님을 알고 믿고 전파해야 합니다.

　이 세상에 오신 예수님은 성경대로 곧 선지자들이 증언한 대로 우리 죄를 위하여 죽으시고 장사 지낸바 되셨다가 성경대로 사흘 만에 다시 살아나셨습니다(고전15:3-4). 그런데 예수님이 부활하신 것은 하나님께서 예수님을 죽은 자 가운데서 성령으로 살리신 것입니다(행3:15). 그리고 부활하신 예수님은 사십 일 동안 제자들에게 보이시고 하나님 나라의 일을 말씀하셨으며(행1:3), 예수님은 그의 택하신 사도들에게 성령으로 명하시고 저희 보는 데서 올리워가셨습니다(행1:2, 9). 곧 예수님은 하나님 아버지께로 올라가셔서 하나님 우편에 앉으셨습니다(막16:19). 예수님이 승천하셔서 하나님 우편에 앉으신 것은 하나님 아버지께서 예수님을 높이셔서 임금과 구주로 삼으신 것입니다(행5:31). 곧 예수님은 충성된 증인으로 죽은 자들 가운데서 먼저 나시고(부활하시고) 땅의 임금들의 머리가 되셨으며(계1:5), 하늘에 오르셔서 하나님 우편에 계시니 천사들과 권세들과 능력들이 그에게 복종합니다(벧전3:22).

예수님이 부활하셔서 승천하시고 하나님 보좌 우편에 계심은 예수님이 높아지신 것입니다. 예수님의 높아지심은 사흘 만에 죽은 자들 가운데서 다시 살아나신 것과 하늘에 오르신 것과 하나님 아버지의 우편에 앉으신 것과 마지막 날에 세상을 심판하러 오시는 것입니다(요리문답 28번). 이를 예수 그리스도의 승귀의 신분이라고 합니다.

고전15:3-4   "내가 받은 것을 너희에게 전하였노니 이는 성경대로 그리스도께서 우리 죄를 위하여 죽으시고 장사 지낸 바 되었다가 성경대로 사흘 만에 다시 살아나사"

행3:15   "생명의 주를 죽였도다 그러나 하나님이 죽은 자 가운데서 그를 살리셨으니 우리가 이 일에 증인이라"

행1:3   "해 받으신 후에 또한 저희에게 확실한 많은 증거로 친히 사심을 나타내사 사십 일 동안 저희에게 보이시며 하나님 나라의 일을 말씀하시니라"

행1:2   "그가 택하신 사도들에게 성령으로 명하시고 승천하신 날까지의 일을 기록하였노라"

행1:9   "이 말씀을 마치시고 그들이 보는 데 올려져 가시니 구름이 그를 가리어 보이지 않게 하더라"

막16:19   "주 예수께서 말씀을 마치신 후에 하늘로 올려지사 하나님 우편에 앉으셨느니라"

행5:31	"이스라엘에게 회개함과 죄 사함을 주시려고 그를 오른손으로 높이사 임금과 구주로 삼으셨느니라"
계1:5	"또 충성된 증인으로 죽은 자들 가운데에서 먼저 나시고 땅의 임금들의 머리가 되신 예수 그리스도로 말미암아 은혜와 평강이 너희에게 있기를 원하노라 우리를 사랑하사 그의 피로 우리 죄에서 우리를 해방하시고"
벧전3:22	"그는 하늘에 오르사 하나님 우편에 계시니 천사들과 권세들과 능력들이 그에게 복종하느니라"

1) 예수님이 부활하심은 예수님이 우리를 위해 부활하신 것입니다.

우리는 예수님이 부활하심은 예수님이 우리를 위하여 부활하신 것임을 알고 믿고 전파해야 합니다.

예수님은 부활이요 생명이십니다(요11:25). 곧 예수님은 목숨을 버릴 권세도 있고 다시 얻을 권세도 있습니다(요10:18). 그래서 예수님은 죽은 자 가운데서 살아나셨으며 다시 죽지 아니하시고 사망이 다시 그를 주장하지 못합니다(롬6:9). 곧 예수님은 전에 죽었었지만 이제 세세토록 살아 계셔 사망과 음부의 열쇠를 가지신 살아 계신 자입니다(계1:18). 그런데 예수님이 부활하신 것은 우리를 위하여 부활하신 것입니다. 곧 예수님은 죽은 자 가운데서 다시 살아나사 잠자는 자들의 첫 열매가 되셨습니다(고전15:20).

예수님은 우리가 범죄 한 것 때문에 내줌이 되고 또한 우리를 의롭다 하시기 위하여 살아나셨습니다(롬4:25). 그리고 만일 죽은 자의 부활이 없으면 그리스도도 다시 살아나지 못하셨을 것입니다(고전15:13). 곧 만일 죽은 자가 다시 살아나는 일이 없으면 그리스도도 다시 살아나신 일이 없었을 터이요(고전15:16), 그리스도께서 다시 살아나는 일이 없으면 우리의 믿음도 헛되고 우리가 여전히 죄 가운데 있을 것입니다(고전15:17). 또한 만일 죽은 자가 다시 살아나는 일이 없으면 하나님이 그리스도를 다시 살리지 아니하셨을 것입니다(고전15:15). 그러나 죽은 자의 부활이 있으므로 하나님은 예수 그리스도를 죽은 자 가운데서 부활하게 하심으로 말미암아 우리를 거듭나게 하사 산 소망이 있게 하시며 썩지 않고 더럽지 않고 쇠하지 아니하는 유업 곧 우리를 위하여 하늘에 간직하신 유업을 잇게 하십니다(벧전1:3-4).

요11:25　　　"예수께서 이르시되 나는 부활이요 생명이니 나를 믿는 자는 죽어도 살겠고"

요10:18　　　"이를 내게서 빼앗는 자가 있는 것이 아니라 내가 스스로 버리노라 나는 버릴 권세도 있고 다시 얻을 권세도 있으니 이 계명은 내 아버지에게서 받았노라 하시니라"

롬6:9　　　"이는 그리스도께서 죽은 자 가운데서 살아나셨으매 다시 죽지 아니하시고 사망이 다시 그를 주장하지 못할 줄을 앎이로다"

계1:18	"곧 살아 있는 자라 내가 전에 죽었었노라 볼지어다 이제 세세토록 살아 있어 사망과 음부의 열쇠를 가졌노니"
고전15:20	"그러나 이제 그리스도께서 죽은 자 가운데서 다시 살아나사 잠자는 자들의 첫 열매가 되셨도다"
롬4:25	"예수는 우리가 범죄한 것 때문에 내줌이 되고 또한 우리를 의롭다 하시기 위하여 살아나셨느니라"
고전15:13	"만일 죽은 자의 부활이 없으면 그리스도도 다시 살아나지 못하셨으리라"
고전15:16	"만일 죽은 자가 다시 살아나는 일이 없으면 그리스도도 다시 살아나신 일이 없었을 터이요"
고전15:17	"그리스도께서 다시 살아나신 일이 없으면 너희의 믿음도 헛되고 너희가 여전히 죄 가운데 있을 것이요"
고전15:15	"또 우리가 하나님의 거짓 증인으로 발견되리니 우리가 하나님이 그리스도를 다시 살리셨다고 증언하였음이라 만일 죽은 자가 다시 살아나는 일이 없으면 하나님이 그리스도를 다시 살리지 아니하셨으리라"
벧전1:3-4	"우리 주 예수 그리스도의 아버지 하나님을 찬송하리로다 그의 많으신 긍휼대로 예수 그리스도를 죽은 자 가운데서 부활하게 하심으로 말미암아 우리를 거듭나게 하사 산 소망이 있게 하시며 썩지 않고 더럽지 않고 쇠하지 아니하는 유업을 잇게 하시나니 곧 너희를 위하여 하늘에 간직하신 것이라"

예수님이 부활하심은 예수님이 우리를 위하여 부활하신 것임을 알고 믿고 전파하는 우리는 어떻게 해야 할까요?

우리는 예수님 우리 주를 죽은 자 가운데서 살리신 하나님을 믿으므로 의롭다 여기심을 받아야 합니다(롬4:24). 또한 우리는 예수님이 부활하셨음을 믿을 뿐만 아니라 우리 자신도 부활할 것을 믿어야 합니다. 우리도 부활할 것입니다. 하나님이 예수님을 다시 살리셨고 또한 그의 권능으로 우리를 다시 살리실 것입니다(고전 6:14). 곧 예수님을 죽은 자 가운데서 살리신 하나님의 영(성령님)이 우리 안에 거하시면 그리스도 예수님을 죽은 자 가운데서 살리신 하나님이 우리 안에 거하시는 그의 영(성령님)으로 말미암아 우리 죽을 몸도 살리실 것입니다(롬8:11). 그러므로 우리는 예수님과 그 부활의 권능과 그 고난에 참여함을 알고자 하며 그의 죽으심을 본받아 죽은 자 가운데서 부활에 이르려 해야 합니다(빌 3:10-11). 곧 우리는 부활의 비밀을 알아야 하는데 우리가 다 잠잘 것이 아니요 예수님이 재림하실 때 마지막 나팔에 순식간에 홀연히 다 변화되며, 나팔 소리가 나매 죽은 자들이 썩지 아니할 것으로 다시 살아나고 우리도 변화할 것입니다(고전15:51-52). 그리고 우리가 이 썩을 몸이 썩지 아니함을 입고 이 죽을 몸이 죽지 아니함을 입을 때에는 '사망을 삼키고 이기리라'고 기록된 말씀이 이루어질 것입니다(고전15:54).

롬4:24   "의로 여기심을 받을 우리도 위함이니 곧 예수 우리 주를 죽은 자 가운데서 살리신 이를 믿는 자니라"

고전6:14	"하나님이 주를 다시 살리셨고 또한 그의 권능으로 우리를 다시 살리시리라"
롬8:11	"예수를 죽은 자 가운데서 살리신 이의 영이 너희 안에 거하시면 그리스도 예수를 죽은 자 가운데서 살리신 이가 너희 안에 거하시는 그의 영으로 말미암아 너희 죽을 몸도 살리시리라"
빌3:10-11	"내가 그리스도와 그 부활의 권능과 그 고난에 참여함을 알고자 하여 그의 죽으심을 본받아 어떻게 해서든지 죽은 자 가운데서 부활에 이르려 하노니"
고전15:51-52	"보라 내가 비밀을 말하노니 우리가 다 잠잘 것이 아니요 마지막 나팔에 순식간에 홀연히 다 변화되리니 나팔 소리가 나매 죽은 자들이 썩지 아니할 것으로 다시 살아나고 우리도 변화하리라"
고전15:54	"이 썩을 것이 썩지 아니함을 입고 이 죽을 것이 죽지 아니함을 입을 때에는 사망을 삼키고 이기리라고 기록된 말씀이 이루어지리라"

죽은 자의 부활이 있습니다. 그리고 죽은 자의 부활은 각각 자기 차례대로 되는데 먼저는 첫 열매인 그리스도요, 다음에는 그가 강림하실 때에 그리스도에게 속한 자요, 그 후에는 그리스도께서 모든 정사와 권세와 능력을 멸하시고 나라를 아버지 하나님께 바치실 때 곧 최후의 심판 때입니다(고전15:23-24). 그런데 죽은 자의 부활에는 의인의 부활과 악인의 부활이 있습니다(행24:15). 사람

은 누구나 죽었다가 다시 살게 될 것입니다. 곧 의인도 다시 살고 악인도 다시 살게 될 것이며, 의인은 천국에서 영원히 살게 되고(영생) 악인은 지옥에서 영원히 살게 될 것입니다(영벌). 그래서 의인 곧 선을 행한 자는 생명의 부활을 하고, 악인 곧 악한 일을 행한 자는 심판의 부활을 할 것입니다(요5:29).

의인의 부활과 악인의 부활은 부활하는 때가 다릅니다. 의인의 부활은 천년 왕국 전 곧 예수님의 재림 시에 있으며, 의인들은 부활하여 공중에서 예수님을 영접하여 그와 항상 함께 있게 되며(살전4:16-17), 천년 왕국에서 그리스도로 더불어 왕 노릇하며 이를 첫째 부활이라고 합니다(계20:4-5). 반면에 악인의 부활은 천년왕국 후에 있으며(계20:5), 악인은 최후의 심판 직전에 다시 살아나 흰 보좌 앞에 서서 자기의 행위대로 심판을 받고 불 못에 던져지게 되며 이를 둘째 사망이라고 합니다(계20:12-14).

고전15:23-24   "그러나 각각 자기 차례대로 되리니 먼저는 첫 열매인 그리스도요 다음에는 그가 강림하실 때에 그리스도에게 속한 자요 그 후에는 마지막이니 그가 모든 통치와 모든 권세와 능력을 멸하시고 나라를 아버지 하나님께 바칠 때라"

행24:15   "그들이 기다리는 바 하나님께 향한 소망을 나도 가졌으니 곧 의인과 악인의 부활이 있으리라 함이니이다"

요5:29   "선한 일을 행한 자는 생명의 부활로, 악한 일을 행한 자는 심판의 부활로 나오리라"

살전4:16-17	"주께서 호령과 천사장의 소리와 하나님의 나팔 소리로 친히 하늘로부터 강림하시리니 그리스도 안에서 죽은 자들이 먼저 일어나고 그 후에 우리 살아 남은 자들도 그들과 함께 구름 속으로 끌어 올려 공중에서 주를 영접하게 하시리니 그리하여 우리가 항상 주와 함께 있으리라"
계20:4-5	"또 내가 보좌들을 보니 거기에 앉은 자들이 있어 심판하는 권세를 받았더라 또 내가 보니 예수를 증언함과 하나님의 말씀 때문에 목 베임을 당한 자들의 영혼들과 또 짐승과 그의 우상에게 경배하지 아니하고 그들의 이마와 손에 그의 표를 받지 아니한 자들이 살아서 그리스도와 더불어 천 년 동안 왕 노릇 하니 (그 나머지 죽은 자들은 그 천 년이 차기까지 살지 못하더라) 이는 첫째 부활이라"
계20:5	"(그 나머지 죽은 자들은 그 천 년이 차기까지 살지 못하더라) 이는 첫째 부활이라"
계20:12-14	"또 내가 보니 죽은 자들이 큰 자나 작은 자나 그 보좌 앞에 서 있는데 책들이 펴 있고 또 다른 책이 펴졌으니 곧 생명책이라 죽은 자들이 자기 행위를 따라 책들에 기록된 대로 심판을 받으니 바다가 그 가운데에서 죽은 자들을 내주고 또 사망과 음부도 그 가운데에서 죽은 자들을 내주매 각 사람이 자기의 행위대로 심판을 받고 사망과 음부도 불못에 던져지니

첫째 부활 곧 예수님이 재림하실 때에 부활에 참여하는 자들은 복이 있고 거룩합니다. 이는 둘째 사망이 그들을 다스리는 권세가 없고 도리어 그들이 하나님과 그리스도의 제사장이 되어 천 년 동안 그리스도와 더불어 왕 노릇 할 것입니다(계20:6). 그리고 부활한 의인은 하나님의 자녀요 천사와 동등이며(눅20:34-36), 예수님과 같게 될 것입니다(요일3:2). 그러면 우리가 부활하면 어떠한 몸으로 다시 살까요? 우리는 썩을 것으로 심고 썩지 아니할 것으로 다시 살아나며, 욕된 것으로 심고 영광스러운 것으로 다시 살아나며, 약한 것으로 심고 강한 것으로 다시 살아나며, 육의 몸으로 심고 신령한 몸으로 다시 살아날 것입니다(고전15:42-44). 곧 우리는 흙에 속한 자의 형상을 벗고 하늘에 속한 이의 형상을 입을 것입니다(고전15:49). 그래서 우리는 부활이 있으므로 하나님께 향한 소망을 가지고 있습니다.

계20:6   "이 첫째 부활에 참여하는 자들은 복이 있고 거룩하
                도다 둘째 사망이 그들을 다스리는 권세가 없고 도
                리어 그들이 하나님과 그리스도의 제사장이 되어 천
                년 동안 그리스도와 더불어 왕 노릇 하리라"
눅20:34-36   "예수께서 이르시되 이 세상의 자녀들은 장가도 가
                고 시집도 가되 저 세상과 및 죽은 자 가운데서 부활
                함을 얻기에 합당히 여김을 받은 자들은 장가 가고

시집 가는 일이 없으며 그들은 다시 죽을 수도 없나니 이는 천사와 동등이요 부활의 자녀로서 하나님의 자녀임이라"

요일3:2 "사랑하는 자들아 우리가 지금은 하나님의 자녀라 장래에 어떻게 될지는 아직 나타나지 아니하였으나 그가 나타나시면 우리가 그와 같을 줄을 아는 것은 그의 참모습 그대로 볼 것이기 때문이니"

고전15:42-44 "죽은 자의 부활도 그와 같으니 썩을 것으로 심고 썩지 아니할 것으로 다시 살아나며 욕된 것으로 심고 영광스러운 것으로 다시 살아나며 약한 것으로 심고 강한 것으로 다시 살아나며 육의 몸으로 심고 신령한 몸으로 다시 살아나나니 육의 몸이 있은즉 또 영의 몸도 있느니라"

고전15:49 "우리가 흙에 속한 자의 형상을 입은 것 같이 또한 하늘에 속한 이의 형상을 입으리라"

2) 예수님이 승천하심은 예수님이 우리를 위해 승천하신 것입니다.

우리는 예수님이 승천하심은 예수님이 우리를 위하여 승천하신 것임을 알고 믿고 전파해야 합니다.

다윗은 예수님께서 하나님 우편에 앉으실 것을 예언했으며(눅 20:42-43), 예수님은 그의 아버지 곧 우리 아버지, 그의 하나님 곧 우리 하나님께로 올라가셨습니다(요20:17). 곧 예수님은 하늘로 올라가셔서 하나님 우편에 앉으셨습니다(막16:19). 예수님은 아버지에게서 나와 세상에 오셨고 다시 세상을 떠나 아버지께로 가셨으며(요16:28), 예수님이 승천하여 하나님 아버지께로 가신 것은 하나님이 예수님을 높이신 것입니다(행2:33). 그런데 예수님이 승천하심은 예수님이 영원히 대제사장이 되어 우리를 위하여 하늘 성소에 들어가신 것입니다(히6:20). 곧 우리에게 대제사장이 계시는데 그는 하늘에서 지극히 크신 이의 보좌 우편에 앉으셨으며 성소와 참 장막에서 섬기는 예수님이십니다(히8:1-2). 또한 예수님이 승천하심은 예수님이 우리를 위하여 처소를 예비하러 가신 것이며, 예수님이 우리를 위하여 처소를 예비하면 다시 오셔서 우리를 영접하여 예수님이 계신 곳에 우리도 있게 하실 것입니다(요14:2-3).

눅20:42-43   "시편에 다윗이 친히 말하였으되 주께서 내 주께 이르시되 내가 네 원수를 네 발등상으로 삼을 때까지 내 우편에 앉았으라 하셨도다 하였느니라"

요20:17   "예수께서 이르시되 나를 붙들지 말라 내가 아직 아버지께로 올라가지 아니하였노라 너는 내 형제들에게 가서 이르되 내가 내 아버지 곧 너희 아버지, 내 하나님 곧 너희 하나님께로 올라간다 하라 하시니"

막16:19   "주 예수께서 말씀을 마치신 후에 하늘로 올려지사 하나님 우편에 앉으시니라"

요16:28	"내가 아버지에게서 나와 세상에 왔고 다시 세상을 떠나 아버지께로 가노라 하시니"
행2:33	"하나님이 오른손으로 예수를 높이시매 그가 약속하신 성령을 아버지께 받아서 너희가 보고 듣는 이것을 부어 주셨느니라"
히6:20	"그리로 앞서 가신 예수께서 멜기세덱의 반차를 따라 영원히 대제사장이 되어 우리를 위하여 들어 가셨느니라"
히8:1-2	"지금 우리가 하는 말의 요점은 이러한 대제사장이 우리에게 있다는 것이라 그는 하늘에서 지극히 크신 이의 보좌 우편에 앉으셨느니라"
요14:2-3	"내 아버지 집에 있을 곳이 많도다 그렇지 않으면 너희에게 일렀으리라 내가 너희를 위하여 처소를 예비하러 가노니 가서 너희를 위하여 처소를 예비하면 내가 다시 와서 너희를 내게로 영접하여 나 있는 곳에 너희도 있게 하리라"

　예수님이 승천하심은 예수님이 우리를 위하여 승천하신 것임을 알고 믿고 전파하는 우리는 어떻게 해야 할까요?

　우리는 예수님이 승천하셨음을(높아지셨음) 기뻐해야 합니다. 곧 우리는 예수님께서 아버지께로 가셨음을 기뻐해야 합니다(요 14:28). 그리고 우리는 우리의 대제사장으로 하나님 우편에 앉으신 예수님 곧 믿음의 주요 온전하게 하시는 이인 예수님을 바라보아야 합니다(히12:2). 또한 우리는 승천하신 예수님을 구주로 믿고 임금으로 섬겨야 하며(행5:31), 예수님에게 온전히 복종해야 합니다(벧전3:22). 그리고 우리는 아브라함, 이삭, 야곱이 하늘에 있는 본향을 사모한 것처럼 예수님이 계신 하늘에 있는 영원한 집을 사모해야 합니다(히11:16). 이는 만일 땅에 있는 우리의 장막 집이 무너지면 하나님께서 지으신 하늘에 있는 영원한 집이 우리에게 있는 줄 우리가 알기 때문입니다(고후5:1). 그러므로 우리는 예수님께서 하나님 우편에 앉아 계신 위의 것을 찾고 생각해야 하며 땅의 것을 생각하지 말아야 합니다(골3:1-2).

요14:28   "내가 갔다가 너희에게로 온다 하는 말을 들었나니 나를 사랑하였더라면 내가 아버지께로 감을 기뻐하였으리라 아버지는 나보다 크심이라"

히12:2   "믿음의 주요 또 온전하게 하시는 이인 예수를 바라보자 그는 그 앞에 있는 기쁨을 위하여 십자가를 참으사 부끄러움을 개의치 아니하시더니 하나님 보좌 우편에 앉으셨느니라"

행5:31   "이스라엘에게 회개함과 죄 사함을 주시려고 그를 오른손으로 높이사 임금과 구주로 삼으셨느니라"

벧전3:22   "그는 하늘에 오르사 하나님 우편에 계시니 천사들과 권세들과 능력들이 그에게 복종하느니라"

히11:16   "그들이 이제는 더 나은 본향을 사모하니 곧 하늘에 있는 것이라 이러므로 하나님이 그들의 하나님이라 일컬음 받으심을 부끄러워하지 아니하시고 그들을 위하여 한 성을 예비하셨느니라"

고후5:1 "만일 땅에 있는 우리의 장막 집이 무너지면 하나님께서 지으신 집 곧 손으로 지은 것이 아니요 하늘에 있는 영원한 집이 우리에게 있는 줄 아노라"

골3:1-2 "그러므로 너희가 그리스도와 함께 다시 살리심을 받았으면 위의 것을 찾으라 거기는 그리스도께서 하나님 우편에 앉아 계시느니라 위의 것을 생각하고 땅의 것을 생각하지 말라"

3) 승천하신 예수님은 우리에게 성령님을 부어주십니다.

우리는 승천하신 예수님이 우리에게 성령님을 부어주심을 알고 믿고 전파해야 합니다.

예수님은 제자들에게 자기를 보내신 아버지께로 가실 것을 말씀하시면서 자기가 떠나가지 아니하면 보혜사 성령님이 제자들에게로 오시지 아니할 것이며, 아버지께로 가면 자기가 보혜사 성령님을 제자들에게로 보내실 것을 말씀하셨습니다(요16:7). 곧 예수님은 아버지께 구하겠으며 아버지께서 성령님을 제자들에게 주실 것을 말씀하셨습니다(요14:16). 그리고 부활하신 예수님은 제자들에게 '성령을 받으라'고 명하셨습니다(요20:22). 또 예수님은 승천하시기 직전에 제자들에게 '예루살렘을 떠나지 말고 내게서 들은 바 아버지께서 약속하신 것을 기다리라'고 명하시고(행1:4), '

요한은 물로 세례를 베풀었으나 너희는 몇 날이 못되어 성령으로 세례를 받으리라'고 약속하셨습니다(행1:5). 그리고 승천하신 예수님은 약속하신 성령님을 하나님 아버지께 받아서 제자들에게 부어주셨습니다(행2:33).

요16:7	"그러나 내가 너희에게 실상을 말하노니 내가 떠나가는 것이 너희에게 유익이라 내가 떠나가지 아니하면 보혜사가 너희에게로 오시지 아니할 것이요 가면 내가 그를 너희에게로 보내리니"
요14:16	"내가 아버지께 구하겠으니 그가 또 다른 보혜사를 너희에게 주사 영원토록 너희와 함께 있게 하리니"
요20:22	"이 말씀을 하시고 그들을 향하사 숨을 내쉬며 이르시되 성령을 받으라"
행1:4	"사도와 함께 모이사 그들에게 분부하여 이르시되 예루살렘을 떠나지 말고 내게서 들은 바 아버지께서 약속하신 것을 기다리라"
행1:5	"요한은 물로 세례를 베풀었으나 너희는 몇 날이 못되어 성령으로 세례를 받으리라 하셨느니라"
행2:33	"하나님이 오른손으로 예수를 높이시매 그가 약속하신 성령을 아버지께 받아서 너희가 보고 듣는 이것을 부어주셨느니라"

승천하신 예수님이 우리에게 성령님을 주심을 알고 믿고 전파하

는 우리는 어떻게 해야 할까요?

우리는 승천하신 예수님께서 부어주신 성령님을 받아야 합니다. 우리는 성령님으로 세례(성령님의 내주하심)를 받고(행1:5), 성령님으로 충만함(성령님의 지배하심)을 받고(엡5:18), 기름 부으심(성령님의 능력)을 받아야 합니다(고후1:21). 이는 누구든지 그리스도의 영이신 성령님이 그 속에 없으면 그리스도의 사람이 아니기 때문입니다(롬8:9). 우리가 하나님의 아들이므로 하나님이 그 아들의 영을 우리 마음 가운데 보내셨습니다(갈4:6). 그리고 성령님이 친히 우리의 영과 더불어 우리가 하나님의 자녀인 것을 증언하시며(롬8:16), 하나님의 아들인 우리는 성령님으로 인도함을 받습니다(롬8:14). 그리고 우리가 성령님을 따라 행하면 육체의 욕심을 이루지 아니합니다(갈5:16). 그러므로 우리가 성령님으로 살면 또한 성령님으로 행해야 합니다(갈5:25). 그런데 우리가 성령님을 받으려면 성령님을 받는 말씀을 듣고 믿어야 하며(갈3:2), 죄를 회개하여 죄 사함을 받아야 하고(행2:38), 하나님께 순종하며(행5:32), 성령님을 구해야 합니다(눅11:13).

행1:5   "요한은 물로 세례를 베풀었으나 너희는 몇 날이 못 되어 성령으로 세례를 받으리라 하셨느니라"

엡5:18   "술 취하지 말라 이는 방탕한 것이니 오직 성령으로 충만함을 받으라"

고후1:21   "우리를 너희와 함께 그리스도 안에서 굳건하게 하시고 우리에게 기름을 부으신 이는 하나님이시니"

롬8:9	"만일 너희 속에 하나님의 영이 거하시면 너희가 육신에 있지 아니하고 영에 있나니 누구든지 그리스도의 영이 없으면 그리스도의 사람이 아니라"
갈4:6	"너희가 아들이므로 하나님이 그 아들의 영을 우리 마음 가운데 보내사 아빠 아버지라 부르게 하셨느니라"
롬8:16	"성령이 친히 우리의 영과 더불어 우리가 하나님의 자녀인 것을 증언하시나니"
롬8:14	"무릇 하나님의 영으로 인도함을 받는 사람은 곧 하나님의 아들이라"
갈5:16	"내가 이르노니 너희는 성령을 따라 행하라 그리하면 육체의 욕심을 이루지 아니하리라"
갈5:25	"만일 우리가 성령으로 살면 또한 성령으로 행할지니"
갈3:2	"내가 너희에게 다만 이것을 알려 하노니 너희가 성령을 받은 것이 율법의 행위로냐 혹은 듣고 믿음으로냐"
행2:38	"베드로가 이르되 너희가 회개하여 각각 예수 그리스도의 이름으로 세례를 받고 죄 사함을 받으라 그리하면 성령의 선물을 받으리니"
행5:32	"우리는 이 일에 증인이요 하나님이 자기에게 순종하는 사람들에게 주신 성령도 그러하니라 하더라"
눅11:13	"너희가 악할지라도 좋은 것을 자식에게 줄 줄 알거든 하물며 너희 하늘 아버지께서 구하는 자에게 성령을 주시지 않겠느냐 하시니라"

4) 승천하신 예수님은 우리를 위하여 간구하시며 대언하시는 사역 곧 우리의 대제사장의 사역을 하십니다.

우리는 승천하신 예수님이 우리를 위하여 간구하시며 대언하시는 사역 곧 우리의 대제사장의 사역을 하심을 알고 믿고 전파해야 합니다.

예수님은 승천하셔서 하나님의 보좌 우편에 앉으신 우리의 대제사장이십니다(히8:1). 곧 예수님이 승천하심은 우리의 대제사장이 되셔서 지성소에 들어가신 것입니다. 예수님은 우리를 위하여 죽으실 뿐 아니라 다시 살아나신 이요 하나님 우편에 계신 자요 우리를 위하여 간구하시는 자이십니다(롬8:34). 곧 예수님은 항상 살아서 우리를 위하여 간구하시므로 자기를 힘입어 하나님께 나아가는 우리를 온전히 구원하실 수 있으십니다(히7:25). 이러한 대제사장은 우리에게 합당하니 거룩하고 악이 없고 더러움이 없고 죄인에게서 떠나 계시고 하늘보다 높이 되신 이십니다(히7:26). 또한 예수님은 만일 우리가 죄를 범하면 하나님 아버지 앞에서 우리의 대언자가 되시므로 우리가 죄를 범하지 않게 됩니다(요일2:1). 그리고 성령님도 하나님의 뜻대로 우리를 위하여 말할 수 없는 탄식으로 친히 간구하십니다(롬8:26-27).

히8:1 "지금 우리가 하는 말의 요점은 이러한 대제사장이 우리에게 있다는 것이라 그는 하늘에서 지극히 크신 이의 보좌 우편에 앉으셨으니"

롬8:34	"누가 정죄하리요 죽으실 뿐 아니라 다시 살아나신 이는 그리스도 예수시니 그는 하나님 우편에 계신 자요 우리를 위하여 간구하시는 자시니라"
히7:25	"그러므로 자기를 힘입어 하나님께 나아가는 자들을 온전히 구원하실 수 있으니 이는 그가 항상 살아 계셔서 그들을 위하여 간구하심이라"
히7:26	"이러한 대제사장은 우리에게 합당하니 거룩하고 악이 없고 더러움이 없고 죄인에게서 떠나 계시고 하늘보다 높이 되신 이라"
요일2:1	"나의 자녀들아 내가 이것을 너희에게 씀은 너희로 죄를 범하지 않게 하려 함이라 만일 누가 죄를 범하여도 아버지 앞에서 우리에게 대언자가 있으니 곧 의로우신 예수 그리스도시라"
롬8:26-27	"이와 같이 성령도 우리의 연약함을 도우시나니 우리는 마땅히 기도할 바를 알지 못하나 오직 성령이 말할 수 없는 탄식으로 우리를 위하여 친히 간구하시느니라 마음을 살피시는 이가 성령의 생각을 아시나니 이는 성령이 하나님의 뜻대로 성도를 위하여 간구하심이니라"

승천하신 예수님이 우리를 위하여 간구하시며 대언하시는 사역 곧 우리의 대제사장의 사역을 하심을 알고 믿고 전파하는 우리는 어떻게 해야 할까요?

우리는 우리에게 큰 대제사장이 있으니 승천하신 이 곧 하나님의 아들 예수님이심을 굳게 믿어야 합니다(히4:14). 곧 우리는 우리에게 영원히 온전하게 되신 아들을 세우신 대제사장이 계심을 믿어야 하며(히7:28), 우리는 우리를 구원하심이 보좌에 앉으신 우리 하나님과 예수님에게 있음을 고백해야 합니다(계7:10). 하나님이 우리를 위하시므로 누구도 우리를 대적할 수 없으며(롬8:31). 하나님이 우리를 택하시고 의롭다 하시니 누구도 우리를 고발할 수 없고 정죄할 수 없으며, 또 예수님이 우리를 위하여 죽으시고 다시 살아나셔서 하나님 우편에 계시며 우리를 위하여 간구하시므로 누구도 우리를 정죄할 수 없고 우리를 그리스도의 사랑에서 끊을 수 없습니다(롬8:33-35). 그러므로 우리도 항상 우리를 위하여 간구하시는 예수님을 믿고 기도해야 합니다. 우리는 만물의 마지막이 가까이 왔음을 알고 정신을 차리고 근신하여 기도해야 합니다(벧전4:7). 또한 우리는 만일 우리가 죄를 범하면 아버지 앞에서 예수님이 대언자가 되심을 믿고 우리 죄를 자백하며(요일1:9), 깨어 의를 행하며 죄를 짓지 않아야 합니다(고전15:34). 그리고 우리는 예수님이 그의 아버지 하나님을 위하여 우리를 나라와 제사장으로 삼으신 것을 알고 찬양해야 하며(계1:6), 예수 그리스도로 말미암아 하나님이 기쁘게 받으실 신령한 제사를 드릴 거룩한 제사장이 되어야 합니다(벧전2:5).

를 굳게 잡을지어다"

히7:28   "율법은 약점을 가진 사람들을 제사장으로 세웠거니와 율법 후에 하신 맹세의 말씀은 영원히 온전하게 되신 아들을 세우셨느니라"

계7:10   "큰 소리로 외쳐 이르되 구원하심이 보좌에 앉으신 우리 하나님과 어린 양에게 있도다 하니"

롬8:31   "그런즉 이 일에 대하여 우리가 무슨 말 하리요 만일 하나님이 우리를 위하시면 누가 우리를 대적하리요"

롬8:33-35   "누가 능히 하나님께서 택하신 자들을 고발하리요 의롭다 하신 이는 하나님이시니 누가 정죄하리요 죽으실 뿐 아니라 다시 살아나신 이는 그리스도 예수시니 그는 하나님 우편에 계신 자요 우리를 위하여 간구하시는 자시니라 누가 우리를 그리스도의 사랑에서 끊으리요 환난이나 곤고나 박해나 기근이나 적신이나 위험이나 칼이랴"

벧전4:7   "만물의 마지막이 가까이 왔으니 그러므로 너희는 정신을 차리고 근신하여 기도하라"

요일1:9   "만일 우리가 우리 죄를 자백하면 그는 미쁘시고 의로우사 우리 죄를 사하시며 우리를 모든 불의에서 깨끗하게 하실 것이요"

고전15:34   "깨어 의를 행하고 죄를 짓지 말라 하나님을 알지 못하는 자가 있기로 내가 너희를 부끄럽게 하기 위하여 말하노라"

계1:6	"그의 아버지 하나님을 위하여 우리를 나라와 제사 장으로 삼으신 그에게 영광과 능력이 세세토록 있기를 원하노라 아멘"
벧전2:5	"너희도 산 돌 같이 신령한 집으로 세워지고 예수 그리스도로 말미암아 하나님이 기쁘게 받으실 신령한 제사를 드릴 거룩한 제사장이 될지니라"

5) 승천하신 예수님은 우리를 온전하게 하십니다.

우리는 승천하신 예수님이 우리를 온전하게 하심을 알고 믿고 전파해야 합니다.

승천하신 예수님은 우리를 온전하게 하시는 이십니다(히12:2). 예수님은 거룩하게 된 자들을 한 번의 제사로 영원히 온전하게 하셨습니다(히10:14). 곧 그리스도 안에서 우리를 부르사 자기의 영광에 들어가게 하신 하나님이 우리를 친히 온전하게 하시며 굳건하게 하시며 강하게 하시며 터를 견고하게 하십니다(벧전5:10). 우리를 은혜로 구원하신 하나님이 은혜로 우리를 온전하게 되도록 양육하시되 경건하지 않은 것과 이 세상 정욕을 다 버리고 신중함과 의로움과 경건함으로 이 세상에 살도록 양육하십니다(딛2:11-12). 그리고 승천하신 예수님은 교회에 직분 자들을 삼으셔서 성도를 온전하게 하시며(엡4:10-12), 직분 자들은 예수님을 전파하여 각 사람을 권하고 모든 지혜로 각 사람을 가르쳐서 각 사람을 그리스도 안에서 완전한 자로 세우려 합니다(골1:28). 그리고 직분 자들은 성경으로 예수님을 전파하는데 모든 성경은 하나님의 감동으로 된 것으로 교훈과 책망과 바르게 함과 의로 교육하기에 유익하므로 하나님의 사람으로 온전하게 하며 모든 선한 일을 행할 능력을 갖추게 합니다(딤후3:16-17).

히12:2   "믿음의 주요 또 온전하게 하신 이인 예수를 바라보자 그는 그 앞에 있는 기쁨을 위하여 십자가를 참으사 부끄러움을 개의치 아니하시더니 하나님 보좌 우편에 앉으셨느니라"

히10:14   "그가 거룩하게 된 자들을 한 번의 제사로 영원히 온전하게 하셨느니라"

벧전5:10   "모든 은혜의 하나님 곧 그리스도 안에서 너희를 부르사 자기의 영원한 영광에 들어가게 하신 이가 잠깐 고난을 당한 너희를 친히 온전하게 하시며 굳건하게 하시며 강하게 하시며 터를 견고하게 하시리라"

딛2:11-12   "모든 사람에게 구원을 주시는 하나님의 은혜가 나타나 우리를 양육하시되 경건하지 않은 것과 이 세상 정욕을 다 버리고 신중함과 의로움과 경건함으로 이 세상에 살고"

엡4:10-12   "내리셨던 그가 곧 모든 하늘 위에 오르신 자니 이는 만물을 충만하게 하려 하심이라 그가 어떤 사람은 사도로, 어떤 사람은 선지자로, 어떤 사람은 복음 전하는 자로, 어떤 사람은 목사와 교사로 삼으셨으

골1:28   "우리가 그를 전파하여 각 사람을 권하고 모든 지혜
로 각 사람을 가르침은 각 사람을 그리스도 안에서
완전한 자로 세우려 함이니"

딤후3:16-17   "모든 성경은 하나님의 감동으로 된 것으로 교훈과
책망과 바르게 함과 의로 교육하기에 유익하니 이는
하나님의 사람으로 온전하게 하며 모든 선한 일을
행할 능력을 갖추게 하려 함이라"

승천하신 예수님이 우리를 온전하게 하심을 알고 믿고 전파하는
우리는 어떻게 해야 할까요?

우리는 온전하게 되어야 합니다. 우리는 다 예수님을 믿는 것과
아는 일에 하나가 되어 온전한 사람을 이루어 그리스도의 장성한
분량이 충만한 데까지 이르러 우리가 이제부터 어린 아이가 되지
아니하여 사람의 속임수와 간사한 유혹에 빠지지 아니하며 온갖
교훈의 풍조에 밀려 요동하지 아니해야 합니다(엡4:13-14). 그래
서 우리는 오직 사랑 안에서 참된 것을 하여 그리스도에게까지 자
라야 하며(엡4:15), 모든 악독과 기만과 외식과 시기와 모든 비방
하는 말을 버리고 순전한 말씀을 사모하여 천국에 들어가는 구원
에 이르도록 자라야 합니다(벧전2:1-2). 또한 우리는 믿음을 온전
하게 해야 하며(딛1:13), 우리는 하나님의 사랑이 우리 속에서 온
전하게 되어야 하며(요일2:5), 우리는 인내를 온전히 이루어야 하

며(약1:4), 우리는 거룩함에 온전하게 해야 하며(고후7:1), 우리는 복종을 온전하게 해야 합니다(고후10:6). 그래서 우리는 참 마음과 온전한 믿음으로 하나님께 나아가야 합니다(히10:22). 그리고 우리는 하나님께 온전한 상을 받아야 합니다(요이1:8).

엡4:13-14   "우리가 다 하나님의 아들을 믿는 것과 아는 일에 하나가 되어 온전한 사람을 이루어 그리스도의 장성한 분량이 충만한 데까지 이르리니 이는 우리가 이제부터 어린 아이가 되지 아니하여 사람의 속임수와 간사한 유혹에 빠져 온갖 교훈의 풍조에 밀려 요동하지 않게 하려 함이라"

엡4:15   "오직 사랑 안에서 참된 것을 하여 범사에 그에게까지 자랄지라 그는 머리니 곧 그리스도라"

벧전2:1-2   "그러므로 모든 악독과 모든 기만과 외식과 시기와 모든 비방하는 말을 버리고 갓난 아기들 같이 순전하고 신령한 젖을 사모하라 이는 그로 말미암아 너희로 구원에 이르도록 자라게 하려 함이라"

딛1:13   "이 증언이 참되도다 그러므로 네가 그들을 엄히 꾸짖으라 이는 그들로 하여금 믿음을 온전하게 하고"

요일2:5   "누구든지 그의 말씀을 지키는 자는 하나님의 사랑이 참으로 그 속에서 온전하게 되었나니 이로써 우리가 그의 안에 있는 줄을 아노라"

약1:4   "인내를 온전히 이루라 이는 너희로 온전하고 구비

	하여 조금도 부족함이 없게 하려 함이라"
고후7:1	"그런즉 사랑하는 자들아 이 약속을 가진 우리는 하나님을 두려워하는 가운데서 거룩함을 온전히 이루어 육과 영의 온갖 더러운 것에서 자신을 깨끗하게 하자"
고후10:6	"너희의 복종이 온전하게 될 때에 모든 복종하지 않는 것을 벌하려고 준비하는 중에 있노라"
히10:22	"우리가 마음에 뿌림을 받아 악한 양심으로부터 벗어나고 몸은 맑은 물로 씻음을 받았으니 참 마음과 온전한 믿음으로 하나님께 나아가자"
요이1:8	"너희는 스스로 삼가 우리가 일한 것을 잃지 말고 오직 온전한 상을 받으라"

6) 승천하신 예수님은 우리가 회개하기를 기다리고 계십니다.

우리는 승천하신 예수님이 우리가 회개하기를 기다리고 계심을 알고 믿고 전파해야 합니다.

예수님의 재림의 약속은 어떤 이들이 더디다고 생각하는 것같이 더딘 것이 아니며 오직 승천하셔서 하나님 우편에 계신 예수님께서 우리를 대하여 오래 참으사 아무도 멸망하지 아니하고 다 회개하기에 이르기를 원하십니다(벧후3:9). 그리고 예수님의 오래 참으심이 구원이 될 것입니다(벧후3:15). 곧 하나님은 모든 사람이 구원을 받으며 진리를 아는 데에 이르기를 원하십니다(딤전2:4).

그런데 멸망하는 자들은 재앙을 당하면서도 회개하지 아니합니다 (계9:20-21, 16:9). 그러므로 멸망하는 자들은 회개를 하지 않아서 멸망한 것입니다.

벧후3:9	"주의 약속은 어떤 이들이 더디다고 생각하는 것같이 더딘 것이 아니라 오직 주께서는 너희를 대하여 오래 참으사 아무도 멸망하지 아니하고 다 회개하기에 이르기를 원하시느니라"
벧후3:15	"또 우리 주의 오래 참으심이 구원이 될 줄로 여기라 우리가 사랑하는 형제 바울도 그 받은 지혜대로 너희에게 이같이 썼고"
딤전2:4	"하나님은 모든 사람이 구원을 받으며 진리를 아는 데에 이르기를 원하시느니라"
계9:20-21	"이 재앙에 죽지 않고 남은 사람들은 손으로 행한 일을 회개하지 아니하고 오히려 여러 귀신과 또는 보거나 듣거나 다니거나 하지 못하는 금, 은, 동과 목석의 우상에게 절하고 또 그 살인과 복술과 음행과 도둑질을 회개하지 아니하더라"
계16:9	"사람들이 크게 태움에 태워진지라 이 재앙을 행하는 권세를 가지신 하나님의 이름을 비방하며 또 회개하지 아니하고 주께 영광을 돌리지 아니하더라"

승천하신 예수님이 우리가 회개하기를 기다리고 계심을 알고 믿

고 전파하는 우리는 어떻게 해야 할까요?

우리는 회개해야 합니다. 만일 우리가 죄 없다고 말하면 스스로 속이고 또 진리가 우리 속에 있지 아니할 것이며(요일1:8), 만일 우리가 범죄 하지 아니하였다 하면서 회개하지 아니하면 하나님을 거짓말하는 이로 만드는 것이며 하나님의 말씀이 우리 속에 있지 아니한 것입니다(요일1:10). 그러나 만일 우리가 우리 죄를 자백하면 하나님은 미쁘시고 의로우사 우리 죄를 사하시며 우리를 모든 불의에서 깨끗하게 하실 것입니다(요일1:9). 그러므로 우리는 하나님의 말씀 곧 진리가 우리 속에 있으므로 죄를 알고 회개해야 합니다. 우리는 하나님이 우리에게 생명 얻는 회개함을 주심을 알아야 하며(행11:18), 하나님의 인자하심이 우리를 인도하여 회개하게 하심을 알아야 합니다(롬2:4). 우리가 하나님이 주신 회개를 하면 진리를 알고 마귀의 올무에서 벗어나 하나님께 사로잡힌바 되어 하나님의 뜻을 따릅니다(딤후2:25-26). 그러나 하나님의 인자하심이 우리를 인도하여 회개하게 하심을 알지 못하면 고집과 회개하지 아니한 마음을 따라 진노의 날 곧 하나님의 의로우신 심판이 나타나는 그 날에 임할 진노를 쌓는 것입니다(롬2:5).

요일1:8   "만일 우리가 죄가 없다고 말하면 스스로 속이고 또 진리가 우리 속에 있지 아니할 것이요"

요일1:10   "만일 우리가 범죄하지 아니하였다 하면 하나님을 거짓말하는 이로 만드는 것이니 또한 그의 말씀이 우리 속에 있지 아니하니라"

요일1:9	"만일 우리가 우리 죄를 자백하면 그는 미쁘시고 의로우사 우리 죄를 사하시며 우리를 모든 불의에서 깨끗하게 하실 것이요"
행11:18	"그들이 이 말을 듣고 잠잠하여 하나님께 영광을 돌려 이르되 그러면 하나님께서 이방인에게도 생명 얻는 회개를 주셨도다 하니라"
롬2:4	"혹 네가 하나님의 인자하심이 너를 인도하여 회개하게 하심을 알지 못하여 그의 인자하심과 용납하심과 길이 참으심이 풍성함을 멸시하느냐"
딤후2:25-26	"거역하는 자를 온유함으로 훈계할지니 혹 하나님이 그들에게 회개함을 주사 진리를 알게 하실까 하며 그들로 깨어 마귀의 올무에서 벗어나 하나님께 사로잡힌바 되어 그 뜻을 따르게 하실까 함이라"
롬2:5	"다만 네 고집과 회개하지 아니한 마음을 따라 진노의 날 곧 하나님의 의로우신 심판이 나타나는 그 날에 임할 진노를 네게 쌓는도다"

7) 승천하신 예수님은 자기 원수들을 자기 발등상이 되게(굴복하게) 하실 때까지 기다리고 계십니다.

우리는 승천하신 예수님이 자기 원수들을 자기 발등상이 되게(굴복하게) 하실 때까지 기다리고 계심을 알고 믿고 전파해야 합니다.

부활하시고 승천하신 예수님은 땅의 임금들의 머리가 되셨습니다(계1:5). 곧 부활하시고 승천하신 예수님은 세세토록 살아 계시며 사망과 음부의 열쇠를 가지셨습니다(계1:18). 그리고 예수님은 모든 통치와 모든 권세와 능력을 멸하시고 나라를 아버지 하나님께 바치실 것이며, 모든 원수를 그 발아래에 둘 때까지 반드시 왕 노릇 하실 것입니다(고전15:24-25). 하나님께서 예수님에게 "내가 네 원수들로 네 발판이 되게 하기까지 너는 내 오른쪽에 앉아 있으라" 하셨습니다(시110:1). 그래서 예수님은 죄를 위하여 한 영원한 제사를 드리시고 하나님 우편에 앉으셔서 그 후에 자기 원수들을 자기 발등상이 되게 하실 때까지 기다리고 계십니다(히10:12-13). 그리고 예수님은 뭇 사람을 심판하시려고 재림하실 것입니다(유1:14-15). 지금은 심판 주이신 예수님이 문 밖에서 계십니다(약5:9).

계1:5 "또 충성된 증인으로 죽은 자들 가운데서 먼저 나시고 땅의 임금들의 머리가 되신 예수 그리스도로 말미암아 은혜와 평강이 너희에게 있기를 원하노라 우리를 사랑하사 그의 피로 우리 죄에서 우리를 해방하시고"

계1:18 "곧 살아 있는 자라 내가 전에 죽었었노라 볼지어다 이제 세세토록 살아 있어 사망과 음부의 열쇠를 가졌노니"

고전15:24-25 "그 후에는 마지막이니 그가 모든 통치와 모든 권세와 능력을 멸하시고 나라를 아버지 하나님께 바칠 때라 그가 모든 원수를 그 발 아래에 둘 때까지 반드시 왕 노릇 하시리니"

시110:1   "여호와께서 내 주에게 말씀하시기를 내가 네 원수들로 네 발판이 되게 하기까지 너는 내 우편에 앉아 있으라 하셨도다"

히10:12-13   "오직 그리스도는 죄를 위하여 한 영원한 제사를 드리시고 하나님 우편에 앉으사 그 후에 자기 원수들을 자기 발등상이 되게 하실 때까지 기다리시나니"

유1:14-15   "아담의 칠대 손 에녹이 이 사람들에 대하여도 예언하여 이르되 보라 주께서 그 수만의 거룩한 자와 함께 임하셨나니 이는 뭇 사람을 심판하사 모든 경건하지 않은 자가 경건하지 않게 행한 모든 경건하지 않은 일과 또 경건하지 않은 죄인들이 주를 거슬러 한 모든 완악한 말로 말미암아 그들을 정죄하려 하심이라 하였느니라"

약5:9   "형제들아 서로 원망하지 말라 그리하여야 심판을 면하리라 보라 심판주가 문 밖에 서 계시니라"

승천하신 예수님이 자기 원수들을 자기 발등상이 되게(굴복하게) 하실 때까지 기다리고 계심을 알고 믿고 전파하는 우리는 어떻게 해야 할까요?

우리는 부활하시고 승천하셔서 땅의 임금들의 머리가 되신 예수님 곧 만주의 주시오 만왕의 왕이 되신 예수님께 복종해야 합니다. 하나님은 만물을 예수님의 발아래에 두셨으며, 만물을 예수님에게 복종하게 하실 것입니다(고전15:27-28). 그러므로 우리는 모든 생각을 사로잡아 예수님에게 복종해야 하며(고후10:5), 항상 복종하여 두렵고 떨림으로 우리 구원을 이루어야 합니다(빌2:12). 그리고 우리의 복종이 온전하게 될 때에 모든 복종하지 않는 것을 벌하실 것입니다(고후10:6). 또한 우리는 모든 원수들을 자기 발등상이 되게 하실 예수님의 십자가의 원수로 행하지 않아야 하며(빌3:18), 육신의 생각은 하나님과 원수가 됨을 알아야 하고(롬 8:7), 세상과 벗이 되고자 하는 자는 스스로 하나님과 원수 되는 것임을 알아야 합니다(약4:4). 그리고 우리는 친히 원수를 갚지 말고 하나님의 진노하심에 맡겨야 합니다(롬12:19). 또한 우리는 반드시 예수님의 심판대 앞에 나타나게 되어 각각 선악 간에 우리 몸으로 행한 것을 따라 받음을 알고 예수님을 기쁘시게 하는 자가 되기를 힘써야 합니다(고후5:10). 그리고 우리는 서로 원망하지 말아서 심판을 면해야 합니다(약5:9).

고전15:27-28   "만물을 그의 발 아래에 두셨다 하셨으니 만물을 아래에 둔다 말씀하실 때에 만물을 그의 아래에 두신 이가 그 중에 들지 아니한 것이 분명하도다 만물을 그에게 복종하게 하실 때에는 아들 자신도 그 때에 만물을 자기에게 복종하게 하신 이에게 복종하게 되리니 이는 하나님이 만유의 주로서 만유 안에 계시려 하심이라"

고후10:5   "하나님 아는 것을 대적하여 높아진 것을 다 무너뜨리고 모든 생각을 사로잡아 그리스도에게 복종하게 하니"

빌2:12   "그러므로 나의 사랑하는 자들아 너희가 나 있을 때뿐 아니라 더욱 지금 나 없을 때에도 항상 복종하여 두렵고 떨림으로 너희 구원을 이루라"

고후10:6   "너희의 복종이 온전하게 될 때에 모든 복종하지 않은 것을 벌하려고 준비하는 중에 있노라"

빌3:18   "내가 여러 번 너희에게 말하였거니와 이제도 눈물을 흘리며 말하노니 여러 사람들이 그리스도의 십자가의 원수로 행하느니라"

롬8:7   "육신의 생각은 하나님과 원수가 되나니 이는 하나님의 법에 굴복하지 아니할 뿐 아니라 할 수도 없음이라"

약4:4   "간음한 여인들아 세상과 벗된 것이 하나님과 원수 됨을 알지 못하느냐 그런즉 누구든지 세상과 벗이 되고자 하는 자는 스스로 하나님과 원수 되는 것이니라"

롬12:19   "내 사랑하는 자들아 너희가 친히 원수를 갚지 말고 하나님의 진노하심에 맡기라 기록되었으되 원수 갚는 것이 내게 있으니 내가 갚으리라고 주께서 말씀하시니라"

고후5:10　　　"이는 우리가 다 반드시 그리스도의 심판대 앞에 나타나게 되어 각각 선악간에 그 몸으로 행한 것을 따라 받으려 함이라"

약5:9　　　"형제들아 서로 원망하지 말라 그리하여야 심판을 면하리라 보라 심판주가 문 밖에 서 계시니라"

　우리는 부활하시고 승천하신 예수님을 알고 믿고 전파해야 합니다. 예수님이 부활하심은 예수님이 우리를 위하여 부활하신 것입니다. 또 예수님이 승천하심도 예수님이 우리를 위하여 승천하신 것입니다. 그리고 승천하신 예수님은 우리에게 성령을 부어주시며, 승천하신 예수님은 우리를 위하여 간구하시며 대언하시는 사역 곧 우리의 대제사장의 사역을 하시며, 승천하신 예수님은 우리를 온전하게 하시며, 승천하신 예수님은 우리가 회개하기를 기다리고 계시며, 승천하신 예수님은 자기 원수들을 자기 발등상이 되게(굴복하게) 하실 때까지 기다리고 계십니다. 할렐루야! 아멘.

5. 재림하실 예수님

우리는 태초에 계신 예수님을 알고 믿고 전파해야 하며, 세상에 오신 예수님을 알고 믿고 전파해야 하고, 고난을 받으시고 십자가에 죽으신 예수님을 알고 믿고 전파해야 하며, 부활하시고 승천하셔서 하나님 아버지 우편에 계신 예수님을 알고 믿고 전파해야 합니다. 또한 우리는 재림하실 예수님을 알고 믿고 전파해야 합니다.

예수님은 재림하실 것입니다. 지금 하나님 아버지의 우편에 계신 예수님은 이 세상에 다시 오실 것입니다. 예수님은 이 세상에 계실 때에도 다시 오실 것을 친히 말씀하셨습니다(마16:27, 요14:2-3). 또한 예수님은 승천하신 후에도 다시 오실 것을 친히 말씀하셨습니다(계22:12, 20). 예수님은 첫 번째 이 세상에 오셔서 많은 사람의 죄를 담당하려고 단번에 자신을 드리신바 되셨고, 예수님은 구원(천국에 들어가는 구원)에 이르게 하기 위하여 죄와 상관없이 자기를 바라는 자들에게 두 번째 나타나실 것입니다(히9:28). 곧 예수님은 속히 오시며(계22:7), 지체하지 아니하시고 오실 것입니다(히10:37). 그러므로 우리는 예수님의 예언의 말씀을 지키며 재림하실 예수님을 바라며 사모해야 합니다.

마16:27　　　　"인자가 아버지의 영광으로 그 천사들과 함께 오리

	니 그때에 각 사람이 행한 대로 갚으리라"
요14:2-3	"내 아버지 집에 거할 곳이 많도다 그렇지 않으면 너희에게 일렀으리라 내가 너희를 위하여 거처를 예비하러 가노니 가서 너희를 위하여 거처를 예비하면 내가 다시 와서 너희를 내게로 영접하여 나 있는 곳에 너희도 있게 하리라"
계22:12	"보라 내가 속히 오리니 내가 줄 상이 내게 있어 각 사람에게 그의 일한 대로 갚아 주리라"
계22:20	"이것들을 증언하신 이가 이르시되 내가 진실로 속히 오리라 하시거늘 아멘 주 예수여 오시옵소서"
히9:28	"이와 같이 그리스도도 많은 사람의 죄를 담당하시려고 단번에 드리신 바 되셨고 구원에 이르게 하기 위하여 죄와 상관없이 자기를 바라는 자들에게 두 번째 나타나시리라"
계22:7	"보라 내가 속히 오리니 이 두루마리의 예언의 말씀을 지키는 자는 복이 있으리라 하시니라"
히10:37	"잠시 잠깐 후면 오실 이가 오시리니 지체하지 아니하시리라"

　　예수님은 어떻게 다시 오실까요? 예수님은 하늘로 가심을 본 그대로 다시 오실 것입니다(행1:11). 그리고 예수님은 호령과 천사장의 소리와 하나님의 나팔 소리로 친히 하늘로부터 강림하실 것이며(살전4:16), 예수님은 구름을 타고 오실 것입니다(계1:7). 곧

예수님은 구름을 타고 능력과 큰 영광으로 다시 오실 것입니다(마 24:30). 또한 예수님은 거룩한 천사들과 함께 다시 오실 것이며(막8:38), 예수님은 부활한 그의 모든 성도와 함께 다시 오실 것입니다(살전3:13). 그리고 예수님은 도둑같이 곧 갑자기 다시 오실 것이며(계16:15), 그 날과 그 때는 아무도 모르고 오직 하나님 아버지만 아십니다(마24:36). 그런데 어둠에 거하지 아니하고 빛에 거하는 성도들에게는 그 날이 도둑같이 곧 갑자기 임하지 못할 것입니다(살전5:4). 이는 빛에 거하는 성도들은 깨어 있으며 재림하실 예수님을 기다리고 있기 때문입니다.

행1:11	"이르되 갈릴리 사람들아 어찌하여 하늘을 쳐다보느냐 너희 가운데서 하늘로 올려지신 이 예수는 하늘로 가심을 본 그대로 오시리라 하였느니라"
살전4:16	"주께서 호령과 천사장의 소리와 하나님의 나팔 소리로 친히 하늘로부터 강림하시리니 그리스도 안에서 죽은 자들이 먼저 일어나고"
계1:7	"볼지어다 그가 구름을 타고 오시리라 각 사람의 눈이 그를 보겠고 그를 찌른 자들도 볼 것이요 땅에 있는 모든 족속이 그로 말미암아 애곡하리니 그러하리라 아멘"
마24:30	"그 때에 인자의 징조가 하늘에서 보이겠고 그 때에 땅의 모든 족속들이 통곡하며 그들이 인자가 구름을 타고 능력과 큰 영광으로 오는 것을 보리라"

막8:38	"누구든지 이 음란하고 죄 많은 세대에서 나와 내 말을 부끄러워하면 인자도 아버지의 영광으로 거룩한 천사들과 함께 올 때에 그 사람을 부끄러워하리라"
살전3:13	"너희 마음을 굳건하게 하시고 우리 주 예수께서 그의 모든 성도와 함께 강림하실 때에 하나님 우리 아버지 앞에서 거룩함에 흠이 없게 하시기를 원하노라"
계16:15	"보라 내가 도둑 같이 오리니 누구든지 깨어 자기 옷을 지켜 벌거벗고 다니지 아니하며 자기의 부끄러움을 보이지 아니하는 자는 복이 있도다"
마24:36	"그러나 그 날과 그 때는 아무도 모르나니 하늘의 천사들도, 아들도 모르고 오직 아버지만 아시느니라"
살전5:4	"형제들아 너희는 어둠에 있지 아니하매 그 날이 도둑 같이 너희에게 임하지 못하리니"

1) 예수님이 재림하시기 전에 여러 가지 징조가 일어납니다.

우리는 예수님이 재림하시기 전에 여러 가지 징조가 일어남을 알고 믿고 전파해야 합니다.

예수님이 재림하시기 전에 여러 가지 징조가 일어납니다. 세상의 끝은 아니나 재난의 시작인 징조는 대환난 전에 일어나고 세상의 끝인 징조는 대환난의 때와 그 후에 일어날 것입니다.

예수님이 재림하시기 전에 세상의 끝은 아니나 재난의 시작인 징조들이 일어납니다. 그 징조는 거짓 선지자가 많이 일어나 많은 사람을 미혹합니다(마24:11). 또한 전쟁이 일어나고 곳곳에 기근과 지진이 있습니다(마24:6-7). 그리고 형제가 형제를, 아버지가 자식을 죽는 데에 내주며 자식들이 부모를 대적하여 죽게 하며(막 13:12), 그리스도인들이 모든 민족에게 미움을 받으며 많은 사람이 실족하게 되어 서로 잡아 주고 서로 미워하며(마24:9-10), 불법이 성하므로 많은 사람의 사랑이 식어집니다(마24:12-13). 또한 노아의 때에 된 것과 같이 사람들이 먹고 마시고 장가들고 시집가는 일에 몰두하며, 롯의 때와 같이 사람들이 먹고 마시고 사고팔고 심고 집을 짓는 일에 몰두합니다(눅17:26-30). 그리고 사람들이 고통 하는 때가 이르러 사람들이 자기를 사랑하며 돈을 사랑하며 자랑하며 교만하며 비방하며 부모를 거역하며 감사하지 아니하며 거룩하지 아니하며 무정하며 원통함을 풀지 아니하며 모함하며 절제하지 못하며 사나우며 선한 것을 좋아하지 아니하며 배신하며 조급하며 자만하며 쾌락을 사랑하기를 하나님 사랑하는 것보다 더하며 경건의 모양은 있으나 경건의 능력은 부인합니다(딤후3:1-5). 또한 사람들이 빨리 왕래하며 지식이 더합니다(단 12:4). 이러한 재난의 시작인 징조들은 이미 세계 곳곳에서 많이 일어나고 있습니다.

마24:11   "거짓 선지자가 많이 일어나 많은 사람을 미혹하겠으며"

마24:6-7   "난리와 난리 소문을 듣겠으나 너희는 삼가 두려워하지 말라 이런 일이 있어야 하되 아직 끝은 아니니

라 민족이 민족을, 나라가 나라를 대적하여 일어나
겠고 곳곳에 기근과 지진이 있으리니"

막13:12   "형제가 형제를, 아버지가 자식을 죽는 데에 내주며
            자식들이 부모를 대적하여 죽게 하리라"

마24:9-10   "그 때에 사람들이 너희를 환난에 넘겨주겠으며 너
            희를 죽이리니 너희가 내 이름 때문에 모든 민족에
            게 미움을 받으리라 그때에 많은 사람이 실족하게
            되어 서로 잡아 주고 서로 미워하겠으며"

마24:12-13 "불법이 성하므로 많은 사람의 사랑이 식어지리라
            그러나 끝까지 견디는 자는 구원을 얻으리라"

눅17:26-30 "노아의 때에 된 것과 같이 인자의 때에도 그러하
            리라 노아가 방주에 들어가던 날까지 사람들이 먹
            고 마시고 장가 들고 시집 가더니 홍수가 나서 그들
            을 다 멸망시켰으며 또 롯의 때와 같으리니 사람들
            이 먹고 마시고 사고 팔고 심고 집을 짓더니 롯이 소
            돔에서 나가던 날에 하늘로부터 불과 유황이 비오듯
            하여 그들을 멸망시켰느니라 인자가 나타나는 날에
            도 이러하리라"

딤후3:1-5   "너는 이것을 알라 말세에 고통하는 때가 이르러 사
            람들이 자기를 사랑하며 돈을 사랑하며 자랑하며 교
            만하며 비방하며 부모를 거역하며 감사하지 아니하
            며 거룩하지 아니하며 무정하며 원통함을 풀지 아니
            하며 모함하며 절제하지 못하며 사나우며 선한 것을

좋아하지 아니하며 배신하며 조급하며 자만하며 쾌
락을 사랑하기를 하나님 사랑하는 것보다 더하며 경
건의 모양은 있으나 경건의 능력은 부인하니 이같은
자들에게서 네가 돌아서라"

단12:4   "다니엘아 마지막 때까지 이 말을 간수하고 이 글을 봉
함하라 많은 사람이 빨리 왕래하며 지식이 더하리라"

예수님이 재림하시기 전에 세상의 끝인 징조가 일어납니다. 그
징조는 천국 복음이 모든 민족에게 증언되기 위하여 온 세상에 전
파되며 그제야 끝이 올 것입니다(마24:14). 이는 구원의 관점에서
구원받은 성도들의 수가 차기 위해서 천국 복음이 온 세상에 전파
됩니다. 하나님이 구원하신 자의 수는 이방인 중에서 충만한 수요
(롬11:25), 유대인 중에서는 남은 자요(롬9:27), 또 순교자의 수가
있습니다(계6:11). 그리고 그 수는 사람은 아무도 알 수 없고 오직
하나님만 아시는 수입니다. 또한 배교하는 일이 있고 불법의 사람
곧 멸망의 아들이 나타나며 그 후에 예수님이 재림하실 것입니다
(살후2:3). 불법한 자의 불법의 비밀이 이미 활동하였으나 지금은
그로 하여금 그의 때에 나타나게 하려고 막는 자가 있는데 막는 자
가 옮겨지면 불법한 자가 나타날 것이며, 예수님께서 강림하여 나
타나심으로 그를 폐하실 것입니다(살후2:6-8). 그리고 대환난 후
에 하늘에 큰 이변이 일어나며 그 때에 예수님의 재림의 징조가 하
늘에서 보이고 예수님이 재림하실 것입니다(마24:29-30).

마24:14	"이 천국 복음이 모든 민족에게 증언되기 위하여 온 세상에 전파되리니 그제야 끝이 오리라"
롬11:25	"형제들아 너희가 스스로 지혜 있다 하면서 이 신비를 너희가 모르기를 내가 원하지 아니하노니 이 신비는 이방인의 충만한 수가 들어오기까지 이스라엘의 더러는 우둔하게 된 것이라"
롬9:27	"또 이사야가 이스라엘에 관하여 외치되 이스라엘 자손들의 수가 비록 바다의 모래 같을지라도 남은 자만 구원을 받으리니"
계6:11	"각각 그들에게 흰 두루마기를 주시며 이르시되 아직 잠시 동안 쉬되 그들의 동무 종들과 형제들도 자기처럼 죽임을 당하여 그 수가 차기까지 하라 하시더라"
살후2:3	"누가 어떻게 하여도 너희가 미혹되지 말라 먼저 배교하는 일이 있고 저 불법의 사람 곧 멸망의 아들이 나타나기 전에는 그 날이 이르지 아니하리니"
살후2:6-8	"너희는 지금 그로 하여금 그의 때에 나타나게 하려 하여 막는 것이 있는 것을 아나니 불법의 비밀이 이미 활동하였으나 지금은 그것을 막는 자가 있어 그 중에서 옮겨질 때까지 하리라 그 때에 불법한 자가 나타나리니 주 예수께서 그 입의 기운으로 그를 죽이시고 강림하여 나타나심으로 폐하시리라"
마24:29-30	"그 날 환난 후에 즉시 해가 어두워지며 달이 빛을

내지 아니하며 별들이 하늘에서 떨어지며 하늘의 권
능들이 흔들리리라 그 때에 인자의 징조가 하늘에서
보이겠고 그 때에 땅의 모든 족속들이 통곡하며 그
들이 인자가 구름을 타고 능력과 큰 영광으로 오는
것을 보리라"

예수님이 재림하시기 전에 여러 가지 징조가 일어날 것을 알고
믿고 전파하는 우리는 어떻게 해야 할까요?

우리는 이 시대를 분간할 줄 알며(눅12:56), 재림하실 예수님이
가까이 곧 문 앞에 이른 줄을 알아야 합니다(마24:33). 그리고 우
리는 우리의 속량이 가까이 왔으므로 일어나 머리를 들어야 하며(
눅21:28), 하나님의 날이 임하기를 바라고 간절히 사모하며 새 하
늘과 새 땅을 바라보아야 합니다(벧후3:12). 또한 우리는 만물의
마지막이 가까이 왔으니 정신을 차리고 기도하며, 뜨겁게 서로 사
랑하고, 서로 대접하기를 원망 없이 하고, 선한 청지기 같이 서로
봉사해야 합니다(벧전4:7-10). 그리고 우리는 주 안에서 항상 기
뻐하고 우리의 관용을 모든 사람에게 알게 해야 합니다(빌4:4-5).
또한 우리는 깨어 우리 옷(행실)을 지켜 벌거벗고 다니지 아니하
며 우리의 부끄러움을 보이지 아니해야 합니다(계16:15). 그리고
우리는 그리스도가 여기 있다 혹은 저기 있다 하여도 믿지 말고(
마24:23), 사람의 미혹을 받지 않도록 주의해야 합니다(마24:4).
또한 우리는 예수님의 재림의 날이 가까움을 볼수록 모이기에 힘
쓰고(히10:25), 주의 날이 이르렀다고 해서 쉽게 마음이 흔들리거

나 두려워하지 말아야 하며(살후2:1-2), 주께는 하루가 천 년 같고 천 년이 하루 같다는 이 한 가지를 잊지 말아야 합니다(벧후3:8).

눅12:56	"외식하는 자여 너희가 천지의 기상은 분간할 줄 알면서 어찌 이 시대는 분간하지 못하느냐"
마24:33	"이와 같이 너희도 이 모든 일을 보거든 인자가 가까이 곧 문 앞에 이른 줄 알라"
눅21:28	"이런 일이 되기를 시작하거든 일어나 머리를 들라 너희 속량이 가까웠느니라 하시더라"
벧후3:12-13	"하나님의 날이 임하기를 바라보고 간절히 사모하라 그 날에 하늘이 불에 타서 풀어지고 물질이 뜨거운 불에 녹아지려니와 우리는 그의 약속대로 의가 있는 곳인 새 하늘과 새 땅을 바라보도다"
벧전4:7-10	"만물의 마지막이 가까이 왔으니 그러므로 너희는 정신을 차리고 근신하여 기도하라 무엇보다도 뜨겁게 서로 사랑할지니 사랑은 허다한 죄를 덮느니라 서로 대접하기를 원망 없이 하고 각각 은사를 받은 대로 하나님의 여러 가지 은혜를 맡은 선한 청지기 같이 서로 봉사하라"
빌4:4-5	"주 안에서 항상 기뻐하라 내가 다시 말하노니 기뻐하라 너희 관용을 모든 사람에게 알게 하라 주께서 가까우시니라"
계16:15	"보라 내가 도둑 같이 오리니 누구든지 깨어 자기 옷

	을 지켜 벌거벗고 다니지 아니하며 자기의 부끄러움
	을 보이지 아니하는 자는 복이 있도다"
마24:23	"그 때에 사람이 너희에게 말하되 보라 그리스도가
	여기 있다 혹은 저기 있다 하여도 믿지 말라"
마24:4	"예수께서 대답하여 이르시되 너희가 사람의 미혹
	을 받지 않도록 주의하라"
히10:25	"모이기를 폐하는 어떤 사람들의 습관과 같이 하지
	말고 오직 권하여 그 날이 가까움을 볼수록 더욱 그
	리하자"
살후2:1-2	"형제들아 우리가 너희에게 구하는 것은 우리 주 예
	수 그리스도의 강림하심과 우리가 그 앞에 모임에 관
	하여 영으로나 말로나 또는 우리에게 받았다 하는 편
	지로나 주의 날이 이르렀다고 해서 쉽게 마음이 흔들
	리거나 두려워하거나 하지 말아야 한다는 것이라"
벧후3:8	"사랑하는 자들아 주께는 하루가 천 년 같고 천 년이
	하루 같다는 이 한 가지를 잊지 말라"

2) 예수님이 우리를 하나님의 진노하심에서 건지실 것입니다.

우리는 예수님이 우리를 하나님의 진노하심에서 건지실 것을 알
고 믿고 전파해야 합니다.

우리는 하나님의 아들이 하늘로부터 강림(재림)하실 것을 기다
리는데 이는 장래 노하심에서 우리를 건지시는 예수님이십니다(

살전1:10). 곧 예수님이 강림(재림)하셔서 우리를 하나님의 진노 하심에서 건지실 것입니다. 하나님의 진노가 불순종의 아들들에 게 임하며(엡5:6), 음란과 부정과 사욕과 악한 정욕과 탐심으로 말 미암아 하나님의 진노가 임합니다(골3:5-6). 곧 하나님의 진노가 불의로 진리를 막는 모든 경건하지 않음과 불의에 대하여 하늘로 부터 나타납니다(롬1:18). 그리고 하나님의 진노는 진노의 날 곧 하나님의 의로우신 심판이 나타나는 그 날에 임할 것이며(롬2:5), 진노의 큰 날이 이르면 아무도 능히 서지 못하며(계6:17), 마지 막 일곱 대접 재앙으로 하나님의 진노가 마칠 것입니다(계15:1).

살전1:10	"또 죽은 자들 가운데서 다시 살리신 그의 아들이 하늘로부터 강림하실 것을 너희가 어떻게 기다리는지를 말하니 이는 장래 노하심에서 우리를 건지시는 예수시니라"
엡5:6	"누구든지 헛된 말로 너희를 속이지 못하게 하라 이로 말미암아 하나님의 진노가 불순종의 아들들에게 임하나니"
골3:5-6	"그러므로 땅에 있는 지체를 죽이라 곧 음란과 부정과 사욕과 악한 정욕과 탐심이니 탐심은 우상숭배니라 이것들로 말미암아 하나님의 진노가 임하느니라"
롬1:18	"하나님의 진노가 불의로 진리를 막는 사람들의 모든 경건하지 않음과 불의에 대하여 하늘로부터 나타나나니"

롬2:5	"다만 네 고집과 회개하지 아니한 마음을 따라 진노의 날 곧 하나님의 의로우신 심판이 나타나는 그 날에 임할 진노를 네게 쌓는도다"
계6:17	"그들의 진노의 큰 날이 이르렀으니 누가 능히 서리요 하더라"
계15:1	"또 하늘에 크고 이상한 다른 이적을 보매 일곱 천사가 일곱 재앙을 가졌으니 곧 마지막 재앙이라 하나님의 진노가 이것으로 마치리로다"

하나님이 진노하시므로 재앙의 천사들을 보내어 내리시는 재앙이 있습니다(시78:49). 재앙의 천사들 중에는 바람을 붙잡는 천사가 있고(계7:1), 물을 차지한 천사가 있으며(계16:5), 불을 다스리는 천사가 있고(계14:18), 사람들을 죽이기로 준비된 천사도 있습니다(계9:15). 그리고 하나님의 진노로 내리는 땅 삼분의 일에 내리는 재앙 곧 일곱 나팔 재앙은 대환난 전에 내리며, 땅 전체에 내리는 재앙 곧 일곱 대접 재앙은 대환난 후에 내릴 것입니다.

하나님의 진노로 대환난 전에 내리는 재앙 곧 일곱 나팔재앙이 있습니다. 일곱 나팔 재앙은 땅 삼분의 일에 내리는 우박과 불의 재앙, 바다의 삼분의 일에 내리는 피의 재앙, 강들의 삼분의 일에 내리는 쑥의 재앙, 천체 삼분의 일에 내리는 흑암의 재앙, 5개월 황충의 재앙, 사람 삼분의 일을 죽이는 유브라데 전쟁의 재앙입니다.

그리고 그 후에 7년 대환난이 있을 것입니다. 7년 대환난의 전

삼년 반 동안은 마귀가 교회를 박해할 것이며, 반면에 예수님께 권세를 받아 모세와 엘리야의 능력을 행하는 두 증인이 나타나 아무 때든지 원하는 대로 여러 가지 재앙으로 땅을 치며 예언할 것이며(계11:3, 6), 하나님께서 교회를 양육하시며 보호하실 것입니다(계12:6). 그리고 두 증인이 그 증언을 마칠 때에 마귀에게 그의 능력과 보좌와 큰 권세를 받은 짐승 곧 멸망의 아들 불법의 사람이 나타나 두 증인을 죽이고(계11:7), 성도들을 박해하는 7년 대환난의 후 삼년 반이 될 것입니다(계13:7). 이때 구원을 받지 못하고 이 땅에 사는 자들은 다 그 짐승에게 경배할 것이며(계13:8), 사로잡힐 자는 사로잡혀 갈 것이요 칼에 죽을 자는 마땅히 칼에 죽을 것이므로 성도들의 인내와 믿음이 여기 있습니다(계13:10).

그리고 대환난 후에 예수님이 재림하시며, 땅 전체에 내리는 재앙 곧 일곱 대접 재앙이 있을 것입니다. 이때 성도들은 부활하므로 일곱 대접 재앙에서 벗어날 것입니다. 일곱 대접 재앙은 질병의 재앙, 바다의 생물이 전멸하는 재앙, 강과 물의 근원이 피가 되는 재앙, 해가 사람들을 태우는 재앙과 짐승의 나라 곧 온 세상이 흑암이 되고 아픔을 당하는 재앙, 하나님의 큰 날(예수님의 재림의 날)에 있을 전쟁을 위하여 아마겟돈으로 왕들을 모으는 재앙, 만국의 성들이 무너지는 큰 지진과 우박 재앙입니다.

시78:49   "그의 맹렬한 노여움과 진노와 분노와 고난 곧 재앙의 천사들을 그들에게 내려보내셨으며"

계7:1   "이 일 후에 내가 네 천사가 땅 내 모퉁이에 선 것을

보니 땅의 사방의 바람을 붙잡아 바람으로 하여금
땅에나 바다에나 각종 나무에 불지 못하게 하더라"

계16:5 "내가 들으니 물을 차지한 천사가 이르되 전에도 계
셨고 지금도 계신 거룩하신 이여 이렇게 심판하시니
의로우시도다"

계14:18 "또 불을 다스리는 다른 천사가 제단으로부터 나와
예리한 낫 가진 자를 향하여 큰 음성으로 불러 이르
되 네 예리한 낫을 휘둘러 땅의 포도송이를 거두라
그 포도가 익었느니라 하더라"

계9:15 "네 천사가 놓였으니 그들은 그 년 월 일 시에 이르
러 사람 삼분의 일을 죽이기로 준비된 자들이더라"

계11:3 "내가 나의 두 증인에게 권세를 주리니 그들이 굵은
베옷을 입고 천이백육십 일을 예언하리라"

계11:6 "그들이 권능을 가지고 하늘을 닫아 그 예언을 하는
날 동안 비가 오지 못하게 하고 또 권능을 가지고 물
을 피로 변하게 하고 아무 때든지 원하는 대로 여러
가지 재앙으로 땅을 치리로다"

계12:6 "그 여자가 광야로 도망하매 거기서 천이백육십 일
동안 그를 양육하기 위하여 하나님께서 예비하신 곳
이 있더라"

계13:7 "또 권세를 받아 성도들과 싸워 이기게 되고 각 족속
과 백성과 방언과 나라를 다스리는 권세를 받으니"

계13:8 "죽임을 당한 어린 양의 생명책에 창세 이후로 이름

이 기록되지 못하고 이 땅에 사는 자들은 다 그 짐승에게 경배하리라"

계13:10   "사로잡힐 자는 사로잡혀 갈 것이요 칼에 죽을 자는 마땅히 칼에 죽을 것이니 성도들의 인내와 믿음이 여기 있느니라"

   예수님이 우리를 하나님의 진노하심에서 건지실 것을 알고 믿고 전파하는 우리는 어떻게 해야 할까요?

   우리는 우리가 예수님 그리스도의 피로 말미암아 의롭다 하심을 받았으므로 예수님 그리스도로 말미암아 진노하심에서 구원을 받을 것을 알고 믿어야 합니다(롬5:9). 그리고 우리는 장래 노하심에서 우리를 건지시는 예수님이 하늘로부터 강림(재림)하실 것을 기다려야 합니다(살전1:10). 예수님이 재림하실 때 우리를 부활하게 하시므로 하나님의 진노하심으로 내리는 마지막 일곱 대접 재앙에서 우리를 건지실 것입니다. 그러므로 우리는 하나님의 진노가 불순종의 아들들에게 임하므로 그들과 함께 하는 자가 되지 말아야 합니다(엡5:6-7). 또한 우리는 세상 사람들의 죄에 참여하지 말고 그가 받을 재앙들을 받지 말아야 합니다(계18:4). 그리고 우리는 세상을 심판하시는 주 하나님은 강하신 자이심을 알고(계18:8), 재앙들을 행하는 권세를 가지신 하나님께 회개하며 영광을 돌려드려야 합니다(계16:9).

롬5:9   "그러면 이제 우리가 그의 피로 말미암아 의롭다 하심을 받았으니 더욱 그로 말미암아 진노하심에서 구원을 받을 것이니"

살전1:10　　"또 죽은 자들 가운데서 다시 살리신 그의 **아들**이 하늘로부터 강림하실 것을 너희가 어떻게 기다리는지를 말하니 이는 장래의 노하심에서 우리를 건지시는 **예수**시니라"

엡5:6-7　　"누구든지 헛된 말로 너희를 속이지 못하게 하라 이로 말미암아 하나님의 진노가 불순종의 아들들에게 임하나니 그러므로 그들과 함께 하는 자가 되지 말라""

계18:4　　"또 내가 들으니 하늘로부터 다른 음성이 나서 이르되 내 백성아, 거기서 나와 그의 죄에 참여하지 말고 그가 받을 재앙들을 받지 말라"

계18:8　　"그러므로 하루 동안에 그 재앙들이 이르리니 곧 사망과 애통함과 흉년이라 그가 또한 불에 살라지리니 그를 심판하시는 주 하나님은 강하신 자이심이라"

계16:9　　"사람들이 크게 태움에 태워진지라 이 재앙들을 행하는 권세를 가지신 하나님의 이름을 비방하며 또 회개하지 아니하고 주께 영광을 돌리지 아니하더라"

3) 예수님이 재림하실 때 성도들이 부활하여 공중에서 예수님을 영접할 것입니다.

우리는 예수님이 재림하실 때 성도들이 부활하여 공중에서 예수님을 영접할 것을 알고 믿고 전파해야 합니다.

예수님은 반드시 다시 오실 것입니다. 예수님은 칠년 대 환난 후에 재림하실 것입니다(마24:29-30). 그리고 예수님이 재림하실 때에 그리스도에게 속한 성도들이 부활할 것입니다. 우리가 다 잠잘 것이 아니요 예수님이 재림하시는 마지막 나팔에 순식간에 다 변화될 것입니다. 곧 나팔소리가 나매 죽은 자들이 썩지 아니할 것으로 다시 살아나고 살아 있는 우리도 변화될 것이며 이는 비밀입니다(고전15:51-52). 예수님 그리스도께서 호령과 천사장의 소리와 하나님의 나팔로 친히 하늘로부터 강림하실 것이며 그리스도 안에서 죽은 자들이 먼저 일어나고 그 후에 살아남은 자들도 그들과 함께 구름 속으로 끌어 올려 공중에서 주를 영접하게 하실 것이며 그리하여 우리가 항상 주와 함께 있을 것입니다(살전4:16-17). 곧 예수님이 큰 나팔소리와 함께 천사들을 보내실 것이며 그들이 그 택하신 자들을 하늘 이 끝에서 저 끝까지 사방에서 모을 것입니다(마24:31). 이 때 하나는 데려감을 당하고 하나는 버려둠을 당할 것입니다(눅17:34-35). 그런데 하나님이 성도들을 구름 속으로 끌어 올려 공중에서 주를 영접하게 하심은 성도들이 어린 양의 혼인 잔치에 어린 양의 아내로 참여하는 것입니다. 곧 어린 양의 혼인 기약이 이르렀고 그의 아내가 자신을 준비하였으므로 그에게 빛나고 깨끗한 세마포 옷을 입도록 허락하셨는데 이 세마포 옷은 성도들의 옳은 행실이며, 어린양의 혼인 잔치에 청함을 받은 자들은 복이 있습니다(계19:7-9). 그리고 부활하여 공중에서 예수님을 영접한 성도들은 그와 함께 영광중에 나타날 것입니다(골3:4).

마24:29-30	"그 날 환난 후에 즉시 해가 어두워지며 달이 빛을 내지 아니하며 별들이 하늘에서 떨어지며 하늘의 권능들이 흔들리리라 그 때에 인자의 징조가 하늘에서 보이겠고 그 때에 땅의 모든 족속들이 통곡하며 그들이 인자가 구름을 타고 능력과 큰 영광으로 오는 것을 보리라"
고전15:51-52	"보라 내가 너희에게 비밀을 말하노니 우리가 다 잠 잘 것이 아니요 마지막 나팔에 순식간에 홀연히 다 변화되리니 나팔소리가 나매 죽은 자들이 썩지 아니할 것으로 다시 살아나고 우리도 변화되리라"
살전4:16-17	"주께서 호령과 천사장의 소리와 하나님의 나팔 소리로 친히 하늘로부터 강림하시리니 그리스도 안에서 죽은 자들이 먼저 일어나고 그 후에 우리 살아남은 자들도 그들과 함께 구름 속으로 끌어 올려 공중에서 주를 영접하게 하시리니 그리하여 우리가 항상 주와 함께 있으리라"
마24:31	"그가 큰 나팔소리와 함께 천사들을 보내리니 그들이 그의 택하신 자들을 하늘 이 끝에서 저 끝까지 사방에서 모으리라"
눅17:34-35	"내가 너희에게 이르노니 그 밤에 둘이 한 자리에 누워 있으매 하나는 데려감을 당하고 하나는 버려둠을 당할 것이며 두 여자가 함께 맷돌을 갈고 있으매 하나는 데려감을 당하고 하나는 버려둠을 당할 것이니라"

계19:7-9	"우리가 즐거워하고 크게 기뻐하며 그에게 영광을 돌리세 어린 양의 혼인 기약이 이르렀고 그의 아내가 자신을 준비하였으므로 그에게 빛나고 깨끗한 세마포 옷을 입도록 허락하셨으니 이 세마포 옷은 성도들의 옳은 행실이로다 하더라 천사가 내게 말하기를 기록하라 어린 양의 혼인 잔치에 청함을 받은 자들은 복이 있도다 하고 또 내게 말하되 이것은 하나님의 참된 말씀이라 하기로"
골3:4	"우리 생명이신 그리스도께서 나타나실 그 때에 너희도 그와 함께 영광 중에 나타나리라"

예수님이 재림하실 때 성도들이 부활하여 공중에서 예수님을 영접할 것을 알고 믿고 전파하는 우리는 어떻게 해야 할까요?

우리는 우리가 하나님의 자녀임을 알아야 하고, 예수님이 나타나시면(재림하시면) 우리가 예수님의 참 모습 그대로 볼 것이므로 우리가 그와 같을 줄을 알아야 하며, 주를 향하여 이 소망을 가진 자로 그의 깨끗하심과 같이 우리 자신을 깨끗하게 해야 합니다(요일3:2-3). 그리고 우리는 예수님의 아내로 빛나고 깨끗한 세마포 옷을 입도록 허락 받기 위하여 옳은 행실로 준비해야 합니다(계19:7-8). 곧 우리는 그리스도의 피에 우리의 행실을 씻어 희게 해야 하며(계7:14), 우리는 무엇에든지 참되며 무엇에든지 경건하며 무엇에든지 옳으며 무엇에든지 정결하며 무엇에든지 사랑받을 만하며 무엇에든지 칭찬받을 만해야 합니다(빌4:8). 그리고 우리

는 우상 숭배하는 자가 되지 아니하며 음행하지 아니하며 주님을
시험하지 아니하며 원망하지 아니해야 합니다(고전10:7-11). 또
한 우리는 예수님이 재림하실 때 담대함을 얻어 그 앞에 부끄럽지
않기 위해서 예수님 안에 거해야 합니다(요일2:28). 그리고 우리
는 하늘로부터 구원하는 자 곧 우리의 낮은 몸을 자기 영광의 몸
의 형체와 같이 변하게 하실 예수님 그리스도를 기다려야 합니다
(빌3:20-21).

요일3:2-3   "사랑하는 자들아 우리가 지금은 하나님의 자녀라
              장래에 어떻게 될지는 아직 나타나지 아니하였으나
              그가 나타나시면 우리가 그와 같을 줄을 아는 것은
              그의 참모습 그대로 볼 것이기 때문이니 주를 향하
              여 이 소망을 가진 자마다 그의 깨끗하심과 같이 자
              기를 깨끗하게 하느니라"

계19:7-9   "우리가 즐거워하고 크게 기뻐하며 그에게 영광을
              돌리세 어린 양의 혼인 기약이 이르렀고 그의 아내
              가 자신을 준비하였으므로 그에게 빛나고 깨끗한 세
              마포 옷을 입도록 허락하셨으니 이 세마포 옷은 성
              도들의 옳은 행실이로다 하더라"

계7:14   "내가 말하기를 내 주여 당신이 아시나이다 하니 그
              가 나에게 이르되 이는 큰 환난에서 나오는 자들인
              데 어린 양의 피에 그 옷을 씻어 희게 하였느니라"

빌4:3   "끝으로 형제들아 무엇에든지 참되며 무엇에든지

경건하며 무엇에든지 옳으며 무엇에든지 정결하며 무엇에든지 사랑 받을 만하며 무엇에든지 칭찬 받을 만하며 무슨 덕이 있든지 무슨 기림이 있든지 이것들을 생각하라"

고전10:7-11 "그들 가운데 어떤 사람들과 같이 너희는 우상 숭배하는 자가 되지 말라 기록된 바 백성이 앉아서 먹고 마시며 일어나서 뛰논다 함과 같으니라 그들 중의 어떤 사람들이 음행하다가 하루에 이만 삼천 명이 죽었나니 우리는 그들과 같이 음행하지 말자 그들 가운데 어떤 사람들이 주를 시험하다가 뱀에게 멸망하였나니 우리는 그들과 같이 시험하지 말자 그들 가운데 어떤 사람들이 원망하다가 멸망시키는 자에게 멸망하였나니 너희는 그들과 같이 원망하지 말라 그들에게 일어난 이런 일은 본보기가 되고 또한 말세를 만난 우리를 깨우치기 위하여 기록되었느니라"

요일2:28 "자녀들아 이제 그의 안에 거하라 이는 주께서 나타내신 바 되면 그가 강림하실 때에 우리로 담대함을 얻어 그 앞에서 부끄럽지 않게 하려 함이라"

빌3:20 "그러나 우리의 시민권은 하늘에 있는지라 거기로부터 구원하는 자 곧 주 예수 그리스도를 기다리노니 그는 만물을 자기에게 복종하게 하실 수 있는 자의 역사로 우리의 낮은 몸을 자기 영광의 몸의 형체와 같이 변하게 하시리라"

4) 재림하시는 예수님은 백마 탄 자로 계시되었습니다.

우리는 재림하시는 예수님이 백마 탄 자로 계시되었음을 알고 믿고 전파해야 합니다.

부활한 성도들 곧 어린 양의 혼인잔치에 참여한 성도들을 공중에서 영접하신 예수님은 거룩한 천사들과(막8:38) 그리고 성도들과 함께 지상으로 재림하실 것입니다(살전3:13). 그런데 지상으로 재림하시는 예수님이 백마 탄 자로 계시되었으며, 이는 재림하시는 예수님은 승리자이시며 심판하려고 오시는 왕이심을 의미합니다. 그리고 백마를 타고 재림하시는 예수님의 이름은 충신과 진실이며 공의로 심판하며 싸우십니다(계19:11). 이는 재림하시는 예수님은 하나님 아버지의 뜻을 충성을 다하여 이행하시며 흠이나 티가 없는 참되신 분임을 의미하며, 충신과 진실이신 예수님은 공의로 심판하며 싸우심을 의미합니다. 그리고 백마를 타고 재림하시는 예수님의 눈은 불꽃같고 그 머리에는 많은 관들이 있고 자기 밖에 아는 자가 없는 이름 쓴 것이 하나가 있으며 그가 피 뿌린 옷을 입었는데 그 이름은 하나님의 말씀이라 칭하였습니다(계19:12-13). 이는 재림하시는 예수님은 모든 것을 감찰하시는 통찰력을 가지셨으며, 승리자이시며, 죄인들을 구원하시기 위하여 십자가에 피 흘려 죽으셨으며, 태초부터 있는 생명의 말씀이심을 의미합니다. 또 재림하시는 예수님의 입에서 예리한 검이 나오니 그것으로 만국을 치겠고 친히 그들을 철장으로 다스리며 또 친히 전능하신 하나님의 진노의 포도주 틀을 밟겠고 그 옷과 다리에 이름을 쓴 것이 있으니 만왕의 왕이요 만주의 주라 하였습니다(계 19:15-16). 이는 재림하신 예수님은 말씀과 강한 권세와 능력으로 만국을 치고 다스리시며, 불신자들을 심판하시며, 만왕의 왕이요 만주의 주이심을 의미합니다. 그리고 하늘에 있는 군대들이 희고 깨끗한 세마포 옷을 입고 백마를 타고 예수님을 따랐습니다(계19:14). 이는 부활하여 공중에서 예수님을 영접한 성도들과 천사들이 예수님과 함께 하며 이들은 거룩하며 승리자임을 의미합니다. 재림하시는 예수님은 모든 성도와 거룩한 천사들과 함께 왕과 심판주로 다시 오실 것입니다.

막8:38	"누구든지 이 음란하고 죄 많은 세대에서 나와 내 말을 부끄러워하면 인자도 아버지의 영광으로 거룩한 천사들과 함께 올 때에 그 사람을 부끄러워하리라"
살전3:13	"너희 마음을 굳건하게 하시고 우리 주 예수께서 그의 모든 성도와 함께 강림하실 때에 하나님 우리 아버지 앞에서 거룩함에 흠이 없게 하시기를 원하노라"
계19:11	"또 내가 하늘이 열린 것을 보니 보라 백마와 그것을 탄 자가 있으니 그 이름은 충신과 진실이라 그가 공의로 심판하며 싸우더라"
계19:12-13	"그 눈은 불꽃 같고 그 머리에는 많은 관들이 있고 또 이름 쓴 것 하나가 있으니 자기밖에 아는 자가 없고 또 그가 피 뿌린 옷을 입었는데 그 이름은 하나님의 말씀이라 칭하더라"

계19:15-16 "그의 입에서 예리한 검이 나오니 그것으로 만국을 치겠고 친히 그들을 철장으로 다스리며 또 친히 하나님 곧 전능하신 이의 맹렬한 진노의 포도주 틀을 밟겠고 그 옷과 그 다리에 이름을 쓴 것이 있으니 만왕의 왕이요 만주의 주라 하였더라"

계19:14 "하늘에 있는 군대들이 희고 깨끗한 세마포 옷을 입고 백마를 타고 그를 따르더라"

재림하시는 예수님이 백마 탄 자로 계시되었음을 알고 믿고 전파하는 우리는 어떻게 해야 할까요?

예수님이 재림하실 때 부활하여 공중에서 예수님을 영접한 우리는 백마 탄 자로 계시된 예수님과 함께 영광중에 나타날 것입니다(골3:4). 그러므로 우리는 예수님 그리스도의 영광이 나타나심을 기다리며(딛2:13), 예수님과 함께 영광을 받기 위하여 고난도 함께 받아야 합니다(롬8:17). 이는 우리가 잠시 받는 환난의 경한 것이 지극히 크고 영원한 영광의 중한 것을 우리에게 이루게 할 것이기 때문입니다(고후4:17). 또한 우리는 하나님이 우리를 보호하사 거침이 없게 하시고 우리로 그 영광 앞에 흠이 없이 기쁨으로 서게 하실 것을 믿어야 합니다(유1:24). 이는 우리의 믿음의 확실함은 예수님 그리스도께서 나타나실 때에 칭찬과 영광과 존귀를 얻게 할 것이기 때문입니다(벧전1:7). 그런즉 우리는 무엇을 하든지 다 하나님의 영광을 위하여 해야 합니다(고전10:31). 곧 우리는 성령으로 살며 성령으로 행하여 헛된 영광을 구하지 아니하고

(갈5:25-26), 하나님께로부터 오는 영광을 구하며(요5:44), 참고 선을 행하여 영광과 존귀와 썩지 아니함을 구하고(롬2:7), 우리 몸으로 하나님께 영광을 돌려야 합니다(고전6:20).

골3:4	"우리 생명이신 그리스도께서 나타나실 그 때에 너희도 그와 함께 영광 중에 나타나리라"
딛2:13	"복스러운 소망과 우리의 크신 하나님 구주 예수 그리스도의 영광이 나타나심을 기다리게 하셨으니"
롬8:17	"자녀이면 또한 상속자 곧 하나님의 상속자요 그리스도와 함께 한 상속자니 우리가 그와 함께 영광을 받기 위하여 고난도 함께 받아야 할 것이니라"
고후4:17	"우리가 잠시 받는 환난의 경한 것이 지극히 크고 영원한 영광의 중한 것을 우리에게 이루게 함이니"
유1:24	"능히 너희를 보호하사 거침이 없게 하시고 너희로 그 영광 앞에 흠이 없이 기쁨으로 서게 하실 이"
벧전1:7	"너희 믿음의 확실함은 불로 연단하여도 없어질 금보다 더 귀하여 예수 그리스도께서 나타나실 때에 칭찬과 영광과 존귀를 얻게 할 것이니라"
고전10:31	"그런즉 너희가 먹든지 마시든지 무엇을 하든지 다 하나님의 영광을 위하여 하라"
갈5:25-26	"만일 우리가 성령으로 살면 또한 성령으로 행할지니 헛된 영광을 구하여 서로 노엽게 하거나 서로 투기하지 말지니라"

요5:44	"너희가 서로 영광을 취하고 유일하신 하나님께로부터 오는 영광을 구하지 아니하니 어찌 나를 믿을 수 있느냐"
롬2:7	"참고 선을 행하여 영광과 존귀와 썩지 아니함을 구하는 자에게는 영생으로 하시고"
고전6:20	"값으로 산 것이 되었으니 그런즉 너희 몸으로 하나님께 영광을 돌리라"

5) 재림하신 예수님은 불법의 사람 곧 멸망의 아들(짐승)을 폐하실 것입니다.

우리는 재림하신 예수님이 불법의 사람 곧 멸망의 아들(짐승)을 폐하실 것을 알고 믿고 전파해야 합니다.

예수님이 재림하시기 전에 배교하는 일이 있고 불법의 사람 곧 멸망의 아들이 나타날 것입니다(살후2:3). 이 불법의 사람 곧 멸망의 아들은 대적하는 자로 하나님의 성전에 앉아 자기를 하나님이라고 내세울 것입니다(살후2:4). 이 불법의 사람 멸망의 아들이 계13장에 나오는 짐승이며 칠년 대 환난의 전 삼년 반(마귀가 교회를 핍박하는 환난) 끝에 나타날 것이며, 대 환난의 전 삼년 반 동안 능력과 권세로 증언한 예수님의 두 증인이 그 증언을 마칠 때에 이 짐승(멸망의 아들)이 그들을 죽일 것입니다(계11:7). 이 짐승(멸망의 아들)은 전 역사적으로도 또 그 당대에도 가장 강하고 악한 자로 마귀(사탄)가 자기의 능력과 보좌와 큰 권세를 그에게 줄 것입니다(계13:2). 그래서 이 짐승은 과장되고 신성모독을 말하는 입을 마귀에게 받고 칠년 대 환난의 후 삼년 반 곧 마흔 두 달 동안 일할 권세를 받아 하나님을 비방하되 그의 이름과 그의 장막(하늘)에 사는 자들을 비방할 것입니다(계13:5-6). 또 이 짐승은 권세를 받아 성도들과 싸워 이기게 되고 각 족속과 백성과 방언과 나라(전 세계)를 다스리는 권세를 받으므로 예수님의 생명책에 기록되지 못한 자들은 다 그 짐승에게 경배할 것입니다(계13:7-8). 그리고 다른 짐승 곧 거짓 선지자가 나타나 짐승의 우상을 만들고 그 우상에게 경배하지 아니하는 자는 몇이든지 죽이게 할 것입니다(계 13:15). 또 그가 모든 자에게 그 오른손에나 이마에 짐승의 이름이나 그 이름의 수(666)인 표를 받게 하고 누구든지 이 표를 가진 자 외에는 매매를 못하게 할 것입니다(계13:16-17).

그리고 예수님이 거룩한 천사들과 공중에서 예수님을 영접한 모든 성도들과 함께 지상으로 재림하실 때 이 짐승과 땅의 임금들과 그들의 군대들이 모여 재림하시는 예수님과 그의 천사들과 더불어 전쟁을 일으킬 것입니다(계19:19). 이 전쟁이 아마겟돈 전쟁이며, 하나님의 큰 날에 있을 이 전쟁을 위하여 귀신의 영인 세 영이 아마겟돈이라 하는 곳으로 왕들을 모을 것입니다(계16:16). 그러나 이 짐승(멸망의 아들)과 거짓 선지자가 잡혀 산 채로 유황불 붙는 못에 던져지고 그 나머지는 죽임을 당할 것입니다(계19:20-21). 곧 재림하신 예수님이 이 짐승(멸망의 아들)을 죽이시고 폐하실 것입니다(살후2:8).

살후2:3	"누가 어떻게 하여도 너희가 미혹되지 말라 먼저 배교하는 일이 있고 저 불법의 사람 곧 멸망의 아들이 나타나기 전에는 그 날이 이르지 아니하리니"
살후2:4	"그는 대적하는 자라 신이라고 불리는 모든 것과 숭배함을 받는 것에 대항하여 그 위에 자기를 높이고 하나님의 성전에 앉아 자기를 하나님이라고 내세우느니라"
계11:7	"그들이 그 증언을 마칠 때에 무저갱으로부터 올라오는 짐승이 그들과 더불어 전쟁을 일으켜 그들을 이기고 그들을 죽일 터인즉"
계13:2	"내가 본 짐승은 표범과 비슷하고 그 발은 곰의 발 같고 그 입은 사자의 입 같은데 용이 자기의 능력과 보좌와 권세를 그에게 주었더라"
계13:5-6	"또 짐승이 과장되고 신성모독을 말하는 입을 받고 또 마흔 두 달 동안 일할 권세를 받으니라 짐승이 입을 벌려 하나님을 향하여 비방하되 그의 이름과 그의 장막 곧 하늘에 사는 자들을 비방하더라"
계13:7-8	"또 권세를 받아 성도들과 싸워 이기게 되고 각 족속과 백성과 방언과 나라를 다스리는 권세를 받으니 죽임을 당한 어린 양의 생명책에 창세 이후로 이름이 기록되지 못하고 이 땅에 사는 자들은 다 그 짐승에게 경배하리라"
계13:15	"그가 권세를 받아 그 짐승의 우상에게 생기를 주어

그 짐승의 우상으로 말하게 하고 또 짐승의 우상에게 경배하지 아니하는 자는 몇이든지 다 죽이게 하더라"

계13:16-17   "그가 모든 자 곧 작은 자나 큰 자나 부자나 가난한 자나 자유인이나 종들에게 그 오른손에나 이마에 표를 받게 하고 누구든지 이 표를 가진 자 외에는 매매를 못하게 하니 이 표는 곧 짐승의 이름이나 그 이름의 수라"

계19:19   "또 내가 보매 그 짐승과 땅의 임금들과 그들의 군대들이 모여 그 말 탄 자와 그의 군대와 더불어 전쟁을 일으키다가"

계16:16   "세 영이 히브리어로 아마겟돈이라 하는 곳으로 왕들을 모으더라"

계19:20-21   "짐승이 잡히고 그 앞에서 표적을 행하던 거짓 선지자도 함께 잡혔으니 이는 짐승의 표를 받고 그의 우상에게 경배하던 자들을 표적으로 미혹하던 자라 이 둘이 산채로 유황불 붙는 못에 던져지고 그 나머지는 말 탄 자의 입으로부터 나오는 검에 죽으매 모든 새가 그들의 살로 배불리더라"

살후2:8   "그 때에 불법한 자가 나타나리니 주 예수께서 그 입의 기운으로 저를 죽이시고 강림하여 나타나심으로 폐하시리라"

재림하신 예수님이 불법의 사람 곧 멸망의 아들(짐승)을 폐하실 것을 알고 믿고 전파하는 우리는 어떻게 해야 할까요?

예수님은 만주의 주시오 만왕의 왕이시므로 대적하는 자들을 이기실 것이요 또 그와 함께 있는 자들 곧 부르심을 받고 택하심을 받은 진실한 자들도 이길 것입니다(계17:14). 그러므로 우리는 부르심을 받고 택하심을 받은 자로 예수님과 함께 있어야 하며 진실해야 합니다. 또한 우리는 모든 일에 우리를 사랑하시는 예수님으로 말미암아 넉넉히 이겨야 하며(롬8:37), 우리는 짐승과 그의 우상과 그의 이름의 수를 이겨야 하며(계15:2), 우리는 항상 우리를 그리스도 안에서 이기게 하시는 하나님께 감사해야 하고(고후2:14), 우리는 이기기 위해 모든 일에 절제해야 하며(고전9:25), 우리는 악에게 지지 말고 선으로 악을 이겨야 합니다(롬12:21). 또한 우리는 하나님이 우리를 위하시면 아무도 우리를 대적하지 못하므로(롬8:31) 무슨 일에든지 대적하는 자들 때문에 두려워하지 아니해야 합니다(빌1:28). 오히려 우리는 믿음을 굳건하게 하여 마귀를 대적하며(벧전5:9), 우리는 마귀의 간계를 대적하기 위하여 하나님의 전신갑주를 입어야 합니다(엡6:11). 곧 우리는 하나님의 전신갑주를 취하여 악한 날에 능히 대적하고 모든 일을 행한 후에 서야 합니다(엡6:13). 우리는 몸은 죽여도 영혼은 능히 죽이지 못하는 자들을 두려워하지 말고 오직 몸과 영혼을 지옥에 멸하실 수 있는 하나님을 두려워해야 합니다(마10:28).

계17:14   "그들이 어린 양과 더불어 싸우려니와 어린 양은 만주의 주시오 만왕의 왕이시므로 그들을 이기실 터이요 또 그와 함께 있는 자들 곧 부르심을 받고 택하심을 받은 진실한 자들도 이기리로다"

롬8:37 "그러나 이 모든 일에 우리를 사랑하시는 이로 말미암아 우리가 넉넉히 이기느니라"

계15:2 "또 내가 보니 불이 섞인 유리 바다 같은 것이 있고 짐승과 그의 우상과 그의 이름의 수를 이기고 벗어난 자들이 유리 바다 가에 서서 하나님의 거문고를 가지고"

고후2:14 "항상 우리를 그리스도 안에서 이기게 하시고 우리로 말미암아 각처에서 그리스도를 아는 냄새를 나타내시는 하나님께 감사하노라"

고전9:25 "이기기를 다투는 자마다 모든 일에 절제하나니 그들은 썩을 승리자의 관을 얻고자 하되 우리는 썩지 아니할 것을 얻고자 하노라"

롬12:21 "악에게 지지 말고 선으로 악을 이기라"

롬8:31 "그런즉 이 일에 대하여 우리가 무슨 말 하리요 만일 하나님이 우리를 위하시면 누가 우리를 대적하리요"

빌1:28 "무슨 일에든지 대적하는 자들 때문에 두려워하지 아니하는 이 일을 듣고자 함이라 이것이 그들에게는 멸망의 증거요 너희에게는 구원의 증거니 이는 하나님께로부터 난 것이라"

벧전5:9 "너희는 믿음을 굳건하게 하여 그를 대적하라 이는

세상에 있는 너희 형제들도 동일한 고난을 당하는
줄을 앎이라"

엡6:11   "마귀의 간계를 능히 대적하기 위하여 하나님의 전
신갑주를 입으라"

엡6:13   "그러므로 하나님의 전신 갑주를 취하라 이는 악한
날에 너희가 능히 대적하고 모든 일을 행한 후에 서
기 위함이라"

마10:28   "몸은 죽여도 영혼은 능히 죽이지 못하는 자들을 두
려워하지 말고 오직 몸과 영혼을 능히 지옥에 멸하
실 수 있는 이를 두려워하라"

6) 재림하신 예수님은 왕으로 천 년 동안 이 세상을 다스리
실 것입니다.

우리는 재림하신 예수님이 왕으로 천 년 동안 이 세상을 다스리
실 것을 알고 믿고 전파해야 합니다.

이 세상에 다시 오신 예수님은 모든 통치와 모든 권세와 능력
을 멸하시고 모든 만물과 나라를 아버지 하나님께 바치실 것이며
그 때까지 예수님은 세상에서 왕 노릇 하실 것입니다(고전15:24-
25). 이 세상에 재림하신 예수님이 멸망의 아들(짐승)을 폐하신 후
에 곧 짐승과 거짓 선지자가 산채로 붙잡혀 유황 불 못에 던져진
후에 한 천사가 무저갱의 열쇠와 큰 쇠사슬을 그의 손에 가지고
하늘로부터 내려와 마귀(사탄)을 잡아서 천 년 동안 결박하여 무

저갱에 던져 넣어 잠그고 그 위를 인봉하여 천 년이 차도록 다시는 만국을 미혹하지 못하게 할 것입니다(계20:1-3). 그리고 마귀가 무저갱에 갇힌 천 년 동안 재림하신 예수님이 왕으로 이 세상을 다스리실 것이며 순교자들과 대 환난 때에 짐승과 그의 우상에게 절하지 아니하고 그들의 이마와 손에 짐승의 표를 받지 아니한 자들이 부활하여 그리스도로 더불어 왕 노릇 할 것입니다(계20:4). 곧 이 세상의 임금인 사탄(마귀)이 쫓겨나므로(요12:31), 세상 나라가 하나님과 그리스도의 나라가 되어 예수님이 세세토록 왕 노릇하실 것입니다(계11:15). 이렇게 세상이 새롭게 되어 예수님이 자기 영광의 보좌에 앉을 때에 예수님을 따르던 열두 제자도 열두 보좌에 앉아 이스라엘 열두 지파를 심판할 것입니다(마19:28).

고전15:24-25   "그 후에는 마지막이니 그가 모든 통치와 모든 권세와 능력을 멸하시고 나라를 아버지 하나님께 바칠 때라 그가 모든 원수를 그 발 아래에 둘 때까지 반드시 왕 노릇 하시리니"

계20:1-3   "또 내가 보매 천사가 무저갱의 열쇠와 큰 쇠사슬을 그의 손에 가지고 하늘로부터 내려와서 용을 잡으니 곧 옛 뱀이요 마귀요 사탄이라 잡아서 천 년 동안 결박하여 무저갱에 던져 넣어 잠그고 그 위에 인봉하여 천 년이 차도록 다시는 만국을 미혹하지 못하게 하였는데 그 후에는 반드시 잠깐 놓이리라"

계20:4   "또 내가 보좌들을 보니 거기에 앉은 자들이 있어 심판하는 권세를 받았더라 또 내가 보니 예수를 증언함과 하나님의 말씀 때문에 목 베임을 당한 영혼들과 또 짐승과 그의 우상에게 경배하지 아니하고 그들의 이마와 손에 그의 표를 받지 아니한 자들이 살아서 그리스도와 더불어 천 년 동안 왕 노릇 하니"

요12:31   "이제 이 세상에 대한 심판이 이르렀으니 이 세상의 임금이 쫓겨나리라"

계11:15   "일곱째 천사가 나팔을 불매 하늘에 큰 음성들이 나서 이르되 세상 나라가 우리 주와 그의 그리스도의 나라가 되어 그가 세세토록 왕 노릇 하시리로다 하니"

마19:28   "예수께서 이르시되 내가 진실로 너희에게 이르노니 세상이 새롭게 되어 인자가 자기 영광의 보좌에 앉을 때에 나를 따르는 너희도 열두 보좌에 앉아 이스라엘 열두 지파를 심판하리라"

재림하신 예수님이 왕으로 천 년 동안 이 세상을 다스리실 것을 알고 믿고 전파하는 우리는 어떻게 해야 할까요?

예수님이 일찍이 죽임을 당하사 각 족속과 방언과 백성과 나라 가운데에서 사람들을 피로 사서 하나님께 드리시고 그들로 우리 하나님 앞에서 나라와 제사장들을 삼으셨으므로 그들이 땅에서 왕 노릇 할 것입니다(계5:9-10). 그래서 우리는 첫째 부활에 참여할 것이며 하나님과 그리스도의 제사장이 되어 천 년 동안 그리스도와 더불어 왕 노릇 할 것입니다(계20:6). 그러므로 우리는 우리를 하나님의 나라와 제사장으로 삼으신 예수님을 찬양해야 합니다(계1:6). 그리고 우리는 하나님이 기쁘게 받으실 신령한 제사를 드릴 거룩한 제사장이 되어야 합니다(벧전2:5). 그리고 우리는 주와 함께 죽으므로 함께 살며 참으므로 주와 함께 왕 노릇해야 합니다(딤후2:11-12). 곧 우리는 예수님을 증언함과 하나님의 말씀 때문에 죽는 것을 각오하며 짐승과 그 우상에게 경배하지 아니하고 우리의 이마와 손에 짐승의 표를 받지 아니해야 합니다(계20:4).

계5:9-10	"그들이 새 노래를 불러 이르되 두루마리를 가지시고 그 인봉을 떼기에 합당하시도다 일찍이 죽임을 당하사 각 족속과 방언과 백성과 나라 가운데에서 사람들을 피로 사서 하나님께 드리시고 그들로 우리 하나님 앞에서 나라와 제사장으로 삼으셨으니 그들이 땅에서 왕 노릇 하리로다 하더라"
계20:6	"이 첫째 부활에 참여하는 자들은 복이 있고 거룩하도다 둘째 사망이 그들을 다스리는 권세가 없고 도리어 그들이 하나님과 그리스도의 제사장이 되어 천 년 동안 그리스도와 더불어 왕 노릇 하리라"
계1:6	"그의 아버지 하나님을 위하여 우리를 나라와 제사장으로 삼으신 그에게 영광과 능력이 세세토록 있기를 원하노라 아멘"
벧전2:5	"너희도 산 돌 같이 신령한 집으로 세워지고 예수 그리스도로 말미암아 하나님이 기쁘게 받으실 신령한

	제사를 드릴 거룩한 제사장이 될지니라"
딤후2:11-12	"미쁘다 이 말이여 우리가 주와 함께 죽었으면 또한 함께 살 것이요 참으면 또한 함께 왕 노릇 할 것이요 우리가 주를 부인하면 주도 우리를 부인하실 것이라"
계20:4	"또 내가 보좌들을 보니 거기에 앉은 자들이 있어 심판하는 권세를 받았더라 또 내가 보니 예수를 증언함과 하나님의 말씀 때문에 목 베임을 당한 영혼들과 또 짐승과 그의 우상에게 경배하지 아니하고 그들의 이마와 손에 그의 표를 받지 아니한 자들이 살아서 그리스도와 더불어 천 년 동안 왕 노릇 하니"

7) 재림하신 예수님은 모든 사람을 선악 간에 그 몸으로 행한 대로 심판하실 것입니다.

우리는 재림하신 예수님이 모든 사람을 선악 간에 그 몸으로 행한 대로 심판하실 것을 알고 믿고 전파해야 합니다.

재림하신 예수님이 왕으로 이 세상을 다스리는 천 년이 차면 천 년 동안 무저갱에 갇힌 마귀(사탄)가 그 옥에서 놓여 땅의 사방 백성 곧 곡과 마곡을 미혹하고 모아 싸움을 붙일 것입니다(계20:7-8). 이에 사탄의 미혹을 받은 바다의 모래와 같이 많은 사람들이 지면에 널리 퍼져 성도들과 싸우려고 할 것입니다. 이 때 하늘에서 불이 내려와 그들을 태워버릴 것입니다(계20:9). 이것이 하나님의 불 심판이며 하나님의 날로 하늘이 불에 타서 풀어지고 물질이 뜨거운 불에 녹아질 것입니다(벧후3:12). 곧 하늘과 땅은 말씀으로 불사르기 위하여 간수하신바 되어 경건하지 아니한 사람들의 심판과 멸망의 날까지 보존하여 두신 것입니다(벧후3:7). 그리고 그들을 미혹하는 마귀가 불과 유황 못(지옥)에 던져지며 세세토록 밤낮 괴로움을 받을 것입니다(계20:10). 이 때 불신자들이 심판의 부활을 하며 이 땅과 하늘은 간데없고 모든 사람들이 크고 흰 보좌 위에 앉으신 예수님 앞에 서서 각 사람이 자기 행위를 따라 행위의 책들에 기록된 대로 심판을 받을 것입니다(계20:11-13). 그리고 사망과 음부도 불 못(지옥)에 던져지고 누구든지 생명책에 기록되지 못한 자는 불 못에 던져지며 이것이 둘째 사망입니다(계20:14-15). 또한 예수님이 재림하실 때에 부활한 모든 성도들도 그리스도 심판대 앞에 드러나 각각 선악 간에 그 몸으로 행한 것을 따라 받을 것입니다(고후5:10). 곧 하나님께서 각 사람에게 그 행한 대로 보응하시되 참고 선을 행하여 영광과 존귀와 썩지 아니함을 구하는 자에게는 영생으로 하시고 오직 당을 지어 진리를 따르지 아니하고 불의를 따르는 자에게는 진노와 분으로 보응하실 것입니다(롬2:6-8).

계20:7-8   "천 년이 차매 사탄이 그 옥에서 놓여나와서 땅의 사방 백성 곧 곡과 마곡을 미혹하고 모아 싸움을 붙이리니 그 수가 바다의 모래 같으리라"

계20:9   "그들이 지면에 널리 퍼져 성도들의 진과 사랑하시는 성을 두르매 하늘에서 불이 내려와 그들을 태워 버리고"

벧후3:12   "하나님의 날이 임하기를 바라보고 간절히 사모하라 그 날에 하늘이 불에 타서 풀어지고 물질이 뜨거운 불에 녹아지려니와"

벧후3:7   "이제 하늘과 땅은 그 동일한 말씀으로 불사르기 위하여 보호하신바 되어 경건하지 아니한 사람들의 심판과 멸망의 날까지 보존하여 두신 것이니라"

계20:10   "또 그들을 미혹하는 마귀가 불과 유황 못에 던져지니 거기는 그 짐승과 거짓 선지자도 있어 세세토록 밤낮 괴로움을 받으리라"

계20:11-13   "또 내가 크고 흰 보좌와 그 위에 앉으신 이를 보니 땅과 하늘이 그 앞에서 피하여 간 데 없더라 또 내가 보니 죽은 자들이 큰 자나 작은 자나 그 보좌 앞에 서 있는데 책들이 펴 있고 또 다른 책이 펴졌으니 곧 생명책이라 죽은 자들이 자기 행위를 따라 책들에 기록된 대로 심판을 받으니 바다가 그 가운데에서 죽은 자들을 내주고 또 사망과 음부도 그 가운데에서 죽은 자들을 내주매 각 사람이 자기의 행위대로 심판을 받고"

계20:14-15   "사망과 음부도 불못에 던져지니 이것은 둘째 사망 곧 불못이라 누구든지 생명책에 기록되지 못한 자는 불못에 던져지더라"

고후5:10	"이는 우리가 다 반드시 그리스도의 심판대 앞에 나타나게 되어 각각 선악간에 그 몸으로 행한 것을 따라 받으려 함이라"
롬2:6-8	"하나님께서 각 사람에게 그 행한 대로 보응하시되 참고 선을 행하여 영광과 존귀와 썩지 아니함을 구하는 자에게는 영생으로 하시고 오직 당을 지어 진리를 따르지 아니하고 불의를 따르는 자에게는 진노와 분으로 하시리라"

재림하신 예수님이 모든 사람을 선악 간에 그 몸으로 행한 대로 심판하실 것을 알고 믿고 전파하는 우리는 어떻게 해야 할까요?

우리는 다 반드시 그리스도의 심판대 앞에 나타나게 되어 각각 선악 간에 우리 몸으로 행한 것을 따라 받을 것입니다(고후5:10). 그러므로 우리는 몸으로 있든지 떠나든지 주님을 기쁘시게 하는 자가 되기를 힘써야 합니다(고후5:9). 곧 우리는 주님께 합당히 행하여 범사에 기쁘시게 하고 모든 선한 일에 열매를 맺어야 합니다 (골1:10). 선한 일을 행한 자는 생명의 부활로, 악한 일을 행한 자는 심판의 부활로 나올 것입니다(요5:29). 그러므로 우리는 아무에게도 악을 악으로 갚지 말고 모든 사람 앞에서 선한 일을 도모해야 합니다(롬12:17). 그리고 우리는 하나님의 은혜로 행해야 하며(히13:16), 우리는 하나님 안에서 행해야 하고(요3:21), 우리는 진리 안에서 행해야 하며(요삼1:4), 우리는 복음을 위하여 모든 것을 행해야 합니다(고전9:23). 또한 우리는 예수님이 우리를 위하여 행하신 것을 본받아 행해야 합니다(요13:15). 예수님은 하나님 앞에 우리 행위의 온전한 것을 찾으십니다(계3:2).

고후5:10	"이는 우리가 다 반드시 그리스도의 심판대 앞에 나타나게 되어 각각 선악 간에 그 몸으로 행한 것을 따라 받으려 함이라"
고후5:9	"그런즉 우리는 몸으로 있든지 떠나든지 주를 기쁘시게 하는 자가 되기를 힘쓰노라"
골1:10	"주께 합당하게 행하여 범사에 기쁘시게 하고 모든 선한 일에 열매를 맺게 하시며 하나님을 아는 것에 자라게 하시고"
요5:29	"선한 일을 행한 자는 생명의 부활로, 악한 일을 행한 자는 심판의 부활로 나오리라"
롬12:17	"아무에게도 악을 악으로 갚지 말고 모든 사람 앞에서 선한 일을 도모하라"
히13:16	"오직 선을 행함과 서로 나누어 주기를 잊지 말라 하나님은 이같은 제사를 기뻐하시느니라"
요3:21	"진리를 따르는 자는 빛으로 오나니 이는 그 행위가 하나님 안에서 행한 것임을 나타내려 함이라 하시니라"
요삼1:4	"내가 내 자녀들이 진리 안에서 행한다 함을 듣는 것보다 더 기쁜 일이 없도다"
고전9:23	"내가 복음을 위하여 모든 것을 행함은 복음에 참여하고자 함이라"

| 요13:15 | "내가 너희에게 행한 것 같이 너희도 행하게 하려 하여 본을 보였노라" |
| 계3:2 | "너는 일깨어 그 남은 바 죽게 된 것을 굳건하게 하라 내 하나님 앞에 네 행위의 온전한 것을 찾지 못하였노니" |

8) 재림하신 예수님은 우리를 천국에 들어가도록 구원하실 것입니다.

우리는 재림하신 예수님이 우리를 천국에 들어가도록 구원하실 것을 알고 믿고 전파해야 합니다.

예수님은 우리를 모든 악한 일에서 건져내시고 그의 천국에 들어가도록 구원하실 것입니다(딤후4:18). 곧 예수님은 천국에 들어가는 구원에 이르게 하기 위하여 자기를 바라는 자들에게 두 번째 나타나실 것입니다(히9:28). 크고 흰 보좌에 앉아 모든 사람을 선악 간에 그 몸으로 행한 대로 심판하신 예수님은 모든 민족을 그 앞에 모으고 목자가 양과 염소를 구분하듯이 천국에 들어갈 자와 지옥에 들어갈 자를 구분하실 것입니다(마25:31-33). 천국에 들어갈 자는 의인의 부활 곧 생명을 부활을 한 자요, 지옥에 들어갈 자는 악인의 부활 곧 심판의 부활을 한 자로 전혀 다릅니다. 그리고 예수님은 의인의 부활을 한 자들에게는 각 사람에게 그 일한 대로 갚아 주시며(상을 주시며)(계22:12), 천국을 상속하라고 말씀하실 것입니다(마25:34). 또한 예수님은 악인의 부활을 한 자들에게는 형벌을 내리시고(살후1:8), 영원한 불(지옥)에 들어가라고 말씀하실 것입니다(마25:41). 곧 의인의 부활을 한 자들은 영생(천국)에 들어가며(마25:46), 칭찬과 영광과 존귀를 얻을 것입니다(벧전1:7), 그러나 악인의 부활을 한 자들은 영벌(불 못)에 들어가며(마25:46), 영원한 멸망의 형벌을 받을 것입니다(살후1:9).

※ 사람의 사후

성도: 낙원(영)→ 예수님 재림 때 육체 부활(생명의 부활)→ 천년왕국 → 흰 보좌 심판(상: 행위) →천국(아버지 집)

불신자: 음부(영)→ 천년왕국 후에 육체 부활(심판의 부활) → 흰 보좌 심판(형벌: 행위)→ 지옥(불 못)

딤후4:18	"주께서 나를 모든 악한 일에서 건져내시고 또 그의 천국에 들어가도록 구원하시리니 그에게 영광이 세세무궁토록 있을지어다 아멘"
히9:28	"이와 같이 그리스도도 많은 사람의 죄를 담당하시려고 단번에 드리신 바 되셨고 구원에 이르게 하기 위하여 죄와 상관 없이 자기를 바라는 자들에게 두 번째 나타나시리라"
마25:31-33	"인자가 자기 영광으로 모든 천사와 함께 올 때에 자기 영광의 보좌에 앉으리니 모든 민족을 그 앞에 모으고 각각 구분하기를 목자가 양과 염소를 구분하는 것 같이 하여 양은 그 오른편에 염소는 왼편에 두리라"

계22:12	"보라 내가 속히 오리니 내가 줄 상이 내게 있어 각 사람에게 그가 행한 대로 갚아 주리라"
마25:34	"그 때에 임금이 그 오른편에 있는 자들에게 이르시되 내 아버지께 복 받을 자들이여 나아와 창세로부터 너희를 위하여 예비된 나라를 상속받으라"
살후1:8	"하나님을 모르는 자들과 우리 주 예수의 복음에 복종하지 않는 자들에게 형벌을 내리시리니"
마25:41	"또 왼편에 있는 자들에게 이르시되 저주를 받은 자들아 나를 떠나 마귀와 그 사자들을 위하여 예비된 영원한 불에 들어가라"
마25:46	"그들은 영벌에, 의인들은 영생에 들어가리라 하시니라"
벧전1:7	"너희 믿음의 확실함은 불로 연단하여도 없어질 금보다 귀하여 예수 그리스도께서 나타나실 때에 칭찬과 영광과 존귀를 얻게 할 것이니라"
살후1:9	"이런 자들은 주의 얼굴과 그의 힘의 영광을 떠나 영원한 멸망의 형벌을 받으리로다"

천국과 지옥을 하나님께서 예비하셨습니다. 천국은 창세로부터 성도들을 위하여 예비 된 나라로 천국에 들어가는 자들은 하나님 아버지께 복 받을 자들입니다(마25:34). 반면에 지옥은 마귀와 그 사자들을 위하여 예비 된 불 못으로 지옥에 들어가는 자들은 저주를 받은 자들입니다(마25:41). 천국은 가장 아름다운 곳이

며, 가장 빛나는 곳이며, 가장 평안하고 행복한 곳입니다. 그래서 의인들은 자기 아버지 나라 곧 천국에서 해와 같이 빛날 것이며(마 13:43), 하나님이 친히 그들과 함께 계셔서 모든 눈물을 닦아 주시니 다시는 사망이 없고 애통하는 것이나 곡하는 것이나 아픈 것이 다시 있지 아니할 것입니다(계21:4). 반면에 지옥은 유황불 붙는 불 못으로 가장 고통스러운 곳입니다. 그래서 생명책에 기록되지 못한 경건하지 아니한 자들은 유황불 붙는 불 못에 던져져(계 20:15), 세세토록 밤낮 쉼을 얻지 못하고 괴로움을 받을 것입니다 (계14:10-11).

마25:34	"그 때에 임금이 그 오른편에 있는 자들에게 이르시되 내 아버지께 복 받을 자들이여 나아와 창세로부터 너희를 위하여 예비된 나라를 상속받으라"
마25:41	"또 왼편에 있는 자들에게 이르시되 저주를 받은 자들아 나를 떠나 마귀와 그 사자들을 위하여 예비된 영원한 불에 들어가라"
마13:43	"그 때에 의인들은 자기 아버지 나라에서 해와 같이 빛나리라 귀 있는 자는 들으라"
계21:3-4	"내가 들으니 보좌에서 큰 음성이 나서 이르되 보라 하나님의 장막이 사람들과 함께 있으매 하나님이 그들과 함께 계시리니 그들은 하나님의 백성이 되고 하나님은 친히 그들과 함께 계셔서 모든 눈물을 그 눈에서 닦아 주시니 다시는 사망이 없고 애통

	하는 것이나 곡하는 것이나 아픈 것이 다시 있지 아니하리니 처음 것들이 다 지나갔음이러라"
계20:15	"누구든지 생명책에 기록되지 못한 자는 불못에 던져지더라"
계14:10-11	"그도 하나님의 진노의 포도주를 마시리니 그 진노의 잔에 섞인 것이 없이 부은 포도주라 거룩한 천사들 앞과 어린 양 앞에서 불과 유황으로 고난을 받으리니 그 고난의 연기가 세세토록 올라가리로다 짐승과 그의 우상에게 경배하고 그의 이름 표를 받는 자는 누구든지 밤낮 쉼을 얻지 못하리라 하더라"

재림하신 예수님이 우리를 천국에 들어가도록 구원하실 것을 알고 믿고 전파하는 우리는 어떻게 해야 할까요?

재림하신 예수님이 우리를 천국에 들어가도록 구원하실 것입니다. 그러므로 우리는 천국을 사모해야 합니다(히11:16). 곧 우리가 땅에서는 외국인과 나그네임을 증언하며(히11:13), 나그네로 있을 때를 두려움으로 지내야 합니다(벧전1:17). 또한 나그네 같은 우리는 영혼을 거슬러 싸우는 육체의 정욕을 제어해야 합니다(벧전2:11). 그리고 우리는 천국을 침노하는 자가 되어야 합니다(마11:12). 곧 우리는 천국에 들어갈 천국의 시민권자로 살아야 합니다(빌3:20). 우리가 천국에 들어갈 천국의 시민권자로 사는 것은 말씀과 성령으로 거듭나는 것이며(요3:5), 우리가 의롭게 되어 의를 행하는 것이며(마5:20), 우리가 돌이켜 어린아이들과 같이 겸손하는 것이며(마18:3), 우리가 하늘에 계신 하나님의 뜻대로 행하는 것이며(마7:21), 우리가 천국의 열매를 맺는 것입니다(마21:43).

히11:16	"그들이 이제는 더 나은 본향을 사모하니 곧 하늘에 있는 것이라 이러므로 하나님이 그들의 하나님이라 일컬음 받으심을 부끄러워하지 아니하시고 그들을 위하여 한 성을 예비하셨느니라"
히11:13	"이 사람들은 다 믿음을 따라 죽었으며 약속을 받지 못하였으되 그것들을 멀리서 보고 환영하며 또 땅에서는 외국인과 나그네임을 증언하였으니"
벧전1:17	"외모로 보시지 않고 각 사람의 행위대로 심판하시는 이를 너희가 아버지라 부른즉 너희가 나그네로 있을 때를 두려움으로 지내라"
벧전2:11	"사랑하는 자들아 거류민과 나그네 같은 너희를 권하노니 영혼을 거슬러 싸우는 육체의 정욕을 제어하라"
마11:12	"세례 요한의 때부터 지금까지 천국은 침노를 당하나니 침노하는 자는 빼앗느니라"
빌3:20	"그러나 우리의 시민권은 하늘에 있는지라 거기로부터 구원하는 자 곧 주 예수 그리스도를 기다리노니"
요3:5	"예수께서 대답하시되 진실로 진실로 네게 이르노니 사람이 물과 성령으로 나지 아니하면 하나님의 나라에 들어갈 수 없느니라"

마5:20	"내가 너희에게 이르노니 너희 의가 서기관과 바리새인보다 더 낫지 못하면 결코 천국에 들어가지 못하리라"
마18:3	"이르시되 진실로 너희에게 이르노니 너희가 돌이켜 어린 아이들과 같이 되지 아니하면 결단코 천국에 들어가지 못하리라"
마7:21	"나더러 주여 주여 하는 자마다 다 천국에 들어갈 것이 아니요 다만 하늘에 계신 내 아버지의 뜻대로 행하는 자라야 들어가리라"
마21:43	"그러므로 내가 너희에게 이르노니 하나님의 나라를 너희는 빼앗기고 그 나라의 열매 맺는 백성이 받으리라"

우리는 재림하실 예수님을 알고 믿고 전파해야 합니다. 곧 우리는 예수님이 재림하시기 전에 여러 가지 징조가 일어날 것을 알고 믿고 전파하며, 예수님이 우리를 하나님의 진노하심에서 건지실 것을 알고 믿고 전파하며, 예수님이 재림하실 때 성도들이 부활하여 공중에서 예수님을 영접할 것을 알고 믿고 전파하며, 재림하시는 예수님은 백마 탄 자로 계시되었음을 알고 믿고 전파하며, 재림하신 예수님은 불법의 사람 곧 멸망의 아들을 폐하실 것을 알고 믿고 전파하며, 재림하신 예수님은 왕으로 천 년 동안 이 세상을 다스리실 것을 알고 믿고 전파하며, 재림하신 예수님은 모든 사람을 선악 간에 그 몸으로 행한 대로 심판하실 것을 알고 믿고 전파하

며, 재림하신 예수님은 우리를 천국에 들어가도록 구원하실 것을 알고 믿고 전파해야 합니다. 할렐루야! 아멘.

참고도서

1) 구원론- 밀라드J.에릭슨 저, 김광렬 역, 기독교문서선교회, 1995
2) 신학개론- 뻘콥 저, 선윤택 역, 세종문화사, 1974
3) 뻘콥 조직신학(기독론)- 뻘콥 저, 고영민 역, 기독문화사, 1979

예수님을 알고 믿고 전파하라

1쇄	2024년 10월 13일
지은이	황삼석
펴낸이	이규종
펴낸곳	엘맨출판사
등록번호	제13-1562호(1985.10.29.)
등록된곳	서울시 마포구 토정로 222
	한국출판콘텐츠센터 422-3
전화	(02) 323-4060, 6401-7004
팩스	(02) 323-6416
이메일	elman1985@hanmail.net
	www.elman.kr

ISBN   978-89-5515-784-0   03230

값 14,000 원